F#

Programación Funcional para .NET

Juan Carlos González Córdoba

F#

Programación Funcional para .NET

Juan Carlos González Córdoba

"No basta con comprender que el conocimiento y el saber son el verdadero poder, sino que debemos entender que el conocimiento y el saber no sirve de nada si no se transmite."

Dedico esta obra a mi esposa, Luisa Viridiana Campos Rodríguez por su comprensión, apoyo y cariño incondicional; a mis hijas, Ana Karla González Campos e Isabel Fernanda González Campos, a quienes espero le sirva de inspiración; a mis padres, José Luis González Patlán y Ma. Paz Córdoba Hernández, quienes siempre me han apoyado y me brindaron educación.

ÍNDICE

Capítulo 1: Introducción a F#

F# es un lenguaje de programación multiparadigma para la plataforma de .NET que fusiona la programación funcional y la programación orientada a objetos.

1.1 ¿Qué es la programación funcional?

La programación funcional es un paradigma de programación en el cual todo se ve o se estructura en base a una función. Una de las características de este tipo de programación es que la definición de las funciones se basa en las funciones matemáticas, así el análisis previo de un problema visto como una función matemática nos permite programar dicho problema en un lenguaje de tipo funcional.

Supongamos que quisiéramos hacer un programa que retorne los puntos de una recta. Lo primero que debemos hacer es analizar la ecuación de la recta y expresarla en una función matemática f(x). En la figura 1.1 se aprecia la ecuación de la recta a usar.

$$y = f(x) = \frac{-C - Ax}{B}$$

Fig. 1.1 Ecuación de la recta

Esta función se dedujo a partir de la ecuación $Ax + By + C = 0$ la cual representa una recta. La función matemática deducida nos dice que nuestra función a programar debe de recibir como parámetros obligatorios los valores de A, B y C y como parámetro opcional el valor de "x" para poder calcular el valor de "y". El ejemplo 1.1 ilustra cómo quedaría nuestra función programada en C#.

Ejemplo 1.1

```csharp
public static List<Point> PuntosRecta(int A, int B, int C, int xi,
int xf)
{
    List<Point> puntos = new List<Point>();//Lista de puntos a
retornar

        for (int x = xi; x <= xf; x++)
        {
            int y = (-C - (A * x)) / B;//Calcular la coordenada en Y

            //Añadir el punto de la recta a la lista
            puntos.Add(new Point(x, y));
        }
```

```fsharp
    return puntos;//Retornar la lista de puntos
}
```

1.2 Comparando los lenguajes F# y C# de .NET

Ambos lenguajes de programación fueron diseñados para hacer uso de .NET, así que todas las librerías de las que haga uso C# dentro de .NET también pueden ser usadas en F#. Sin embargo, dado que F# maneja el paradigma de programación funcional se tiene como diferencias principales con C# que:

- No se usa punto y coma al final de cada sentencia.
- Las llaves para agrupar código son sustituidas por tabuladores, así lo que comúnmente agrupas entre llaves deben de estar tabulados en la misma columna dentro de F#.
- En F# todo es funciones.
- Todas las funciones retornan algún dato implícita o explícitamente.
- No es necesario definir el tipo de dato de una variable.
- Se separan los datos con un espacio y no con coma

Es importante destacar que la sintaxis de creación de los objetos predefinidos en .NET se respeta en F#.

1.3 Imprimir datos en la pantalla.

Para imprimir datos en la pantalla F# proporciona las funciones "**printf**" y "**printfn**".

Ejemplo 1.2

```fsharp
printfn "Mi primer programa en F#"
```

En el ejemplo 1.2 se aprecia el uso de printfn. Esta función es la usada en F# para mostrar o imprimir datos en pantalla, sin embargo y dado que F# hace uso de .NET también es posible y correcto usar los métodos definidos dentro de la paquetería de .NET (System.Console.Write y System.Console.WriteLine). En el ejemplo 1.3 se aprecia el mismo programa pero haciendo uso de System.Console.WriteLine.

Ejemplo 1.3

```fsharp
System.Console.WriteLine("Mi primer programa en F#")
```

1.4 Comentarios

F# al igual que C# permite dos tipos distintos de comentarios:

- Por línea
- Por bloques

El comentario por línea se hace con //. En el ejemplo1.4 se aprecia el uso de este comentario.

Ejemplo 1.4:

//Este es un comentario en F#

El comentario por bloque se hace con los símbolos (* *). En el ejemplo 1.5 se aprecia el uso de este comentario.

Ejemplo 1.5:

(*

Este es otro

Comentario en F#

*)

1.5 La expresión Let

La expresión **let** nos permite definir variables, asociar un valor a una variable o definir una función.

Ejemplo 1.6:

- let i = false
- let nombre = "Juan"
- let main(args : string[])
- let (i, j, k) = (1, 2, 3)

En el ejemplo 1.6 se aprecia el uso de la expresión let para definir variables y métodos.

1.6 Definición de una función

Las funciones en F# representan la unidad principal de ejecución. En F# todas las funciones retornan algo. Al igual que en cualquier lenguaje de programación, una función en F# está definida por un nombre, sus parámetros recibidos y el cuerpo de la función. La función se define mediante la palabra clave **let** y para especificar el dato a retornar hacemos uso de la palabra reservada **in**.

El ejemplo 1.7 define una función que calcule el área de un cuadrado y que reciba como parámetro el lado de dicho cuadrado.

Ejemplo 1.7:

```fsharp
let AreaCuadrado lado =
    let area = lado * lado
    in area //Dato a retornar
```


En el ejemplo 1.7 definimos la función cuyo nombre es **AreaCuadrado** con la palabra clave **let, lado es el parámetro a recibir por la función**, en el cuerpo de la función se declara la variable área a través de **let** y se retorna dicha variable con la palabra clave **in,** aunque el "in" se puede omitir y aún se retornará un valor, es decir que no es obligatorio colocar la expresión "in" para retornar un valor.

En el ejemplo 1.8 se define una función que calcule el área de un triángulo y que reciba por parámetros la base del triángulo y su altura. Dicha función recibe dos parámetros. La función opera de la misma manera que la función descrita en el ejemplo 1.7.

Ejemplo 1.8:

```fsharp
let AreaTriangulo Base Altura =
    let area = (Base * Altura) / 2
    area
```

1.7 Declaración de variables

Para declarar una variable se hace uso de la palabra clave **let**. En F# al momento de declarar una variable no es necesario definir el tipo de dato que va a contener pero sí es necesario inicializarla. En el ejemplo 1.9 se aprecia la declaración de variables.

Ejemplo 1.9:

```fsharp
let area = (Base * Altura) / 2

let nombre = Console.ReadLine()
```

1.7.1 Tipos de dato de una variable

Si quisiéramos definir el tipo de dato que va a contener una variable se hace a través de dos puntos (:). En el ejemplo 1.10 se aprecia cómo es que se especifica el tipo de dato de una variable.

Ejemplo 1.10:

```fsharp
let area : double = 12.5
```

En F# no es de vital importancia definir el tipo de dato de la variable, debido a que éste se define de manera automática una vez que se le asigna un valor a una determina variable.

1.7.2 Variables de tipo mutable

Si el valor de una variable va a cambiar durante el transcurso del programa se debe de definir dicha variable como **mutable**.

En el ejemplo 1.11 se aprecia cómo se declarar la variable contador la cual va a cambiar su valor a lo largo del código o programa.

Ejemplo 1.11:

```fsharp
let mutable contador = 0
```

Una variable de tipo booleana, la cual se usa comúnmente como una bandera para determinar si se cumple o no una condición, siempre debe de ser declarada como mutable. En el ejemplo 1.12 se aprecia cómo se declara una variable booleana como mutable.

Ejemplo 1.12:

```fsharp
let mutable b = false
```

Para asignar un nuevo valor a una variable que fue declarada como mutable y ha sido inicializada o ya tiene un valor asignado se hace uso el operador **<- (operador flecha)**.

Ejemplo 1.13:

```
let mutable b = false
b <- true
let mutable cantidad = 2
cantidad <- 12
```

En el ejemplo 1.13 se observa el uso del operador flecha y su diferencia con el operador igual.

La forma correcta de asignar un nuevo valor es haciendo uso del operador **<- (operador flecha)**.

1.7.3 Asignación de valores

Para asignarle un valor a una variable durante su declaración se hace uso de la palabra clave **let** y del operador igual. En el ejemplo 1.14 se aprecia dicho uso de la expresión let y el operador igual en cuyo caso se le asignó el valor de cero a la variable contador la cual fue declara previamente como mutable.

Ejemplo 1.14:

```
let mutable contador = 0
```

Para asignar un nuevo valor a una variable con el operador flecha la variable debe de estar inicializada a un valor mediante let, esto se observa en el ejemplo 1.15.

Ejemplo 1.15:

```
contador <- contador + 1
```

1.8 El método main y el punto de entrada

El lenguaje de programación F# ejecuta la primera función que se encuentra debido a que va leyendo el código en orden línea por línea.

Para indicarle a F# cuál función va a ser la primera que ejecute sin importar la posición en la que se encuentre dentro del código hacemos uso de la expresión **[<EntryPoit>]**. Esta expresión se usa para declarar el método **main**, observe el ejemplo 1.16.

Ejemplo 1.16:

```fsharp
let Area lado =
    let area = lado * lado
    area


[<EntryPoint>]
let main(args : string[]) =

    printfn "Valor del lado: 3"
    let a = Area 3
    printfn "Su area es: %d" a

    0//Código de salida del programa
```

En el ejemplo 1.16 se declaran dos funciones una de las cuales es el método **main**. Antes de la declaración del main se le dice a F# que éste va a ser el punto de entrada o la primera función que debe de ejecutar, esto se hace con la instrucción **[<EntryPoint>]**. Sim embargo, dado que F# maneja el paradigma de programación funcional no es necesario declarar un método main para que nuestro programa funcione correctamente. Observe el ejemplo 1.17 el cual no incluye el método main.

Ejemplo 1.17:

```fsharp
let Area lado =
    let area = lado * lado
    area

printfn "Valor del lado: 3"
let a = Area 3
printfn "Su área es: %d" a
```

1.9 Establecer el valor de una variable a través del teclado

Para establecer el valor de una variable a través del teclado se hace uso del método definido por .NET **Console.ReadLine( )**. Dicho método retorna un string el cual contiene lo que el usuario escribió antes de presionar la tecla enter.

Ejemplo 1.18:

```fsharp
printf "Introduce tu nombre: "
let nombre = System.Console.ReadLine()
printfn "Tu nombre es: %s" nombre
```

En el ejemplo 1.18 se asigna un tipo de dato string y se despliega a partir del caracter %s.

1.9.1 Conversión entre tipos de datos

El método Console.ReadLine( ) devuelve un string, esto significa que si quisiéramos asignar algún otro tipo de dato debemos de hacer una conversión entre tipos. Para esto se hace uso de **Convert** el cual nos permite convertir entre tipos de datos.

Ejemplo 1.19:

```fsharp
printfn "Introduce un dato de tipo flotante:"
let d = Convert.ToSingle(System.Console.ReadLine())
printfn "El dato tecleado fue: %f" d
```

En el ejemplo 1.19 se convierte a un tipo de dato flotante y se despliega a partir del caracter %f

Ejemplo 1.20:

```fsharp
printfn "Introduce un dato de tipo entero:"
let datoEntero = Convert.ToInt32(System.Console.ReadLine())
printfn "El dato tecleado fue: %d" datoEntero
```

En el ejemplo 1.20 se convierte a un tipo de dato entero y se despliega a partir del caracter %d

Ejemplo 1.21:

```fsharp
printfn "Introduce un dato de tipo booleano:"
let datoBool = Convert.ToBoolean(System.Console.ReadLine())
printfn "El dato tecleado fue: %b" datoBool
```

En el ejemplo 1.21 se convierte a un tipo de dato booleano y se despliega a partir del caracter %b

Ejemplo 1.22:

```fsharp
printfn "Introduce un dato de tipo caracter:"
let datoChar = Convert.ToChar(System.Console.ReadLine())
printfn "El dato tecleado fue: %c" datoChar
```

En el ejemplo 1.22 se convierte a un tipo de dato char y se despliega a partir del caracter %c

1.10 Importación de librerías de .NET

F# puede hacer uso de cualquier librería y/o espacio de nombre definida dentro de .NET. Para importar las librerías se hace uso de la palabra reservada **open**. En el ejemplo 1.23 se aprecia el uso de la sentencia open.

Ejemplo 1.23:

```fsharp
open System

let AreaCuadrado lado =
    let area = lado * lado
    in area //Dato a retornar

[<EntryPoint>]
let main(args : string[]) =

    printfn "Lado:"
    let lado = Convert.ToSingle(Console.ReadLine())
    let a = AreaCuadrado lado
    printfn "Area = %f" a

    Console.ReadKey() |> ignore//Pausar la consola

    //Código de salida del programa
    0
```

1.11 Operadores

1.11.1 Operadores aritméticos.

Estos operadores retornan el resultado de una operación algebraica. Los operadores se evalúan de acuerdo a su prioridad algebraica. La lista siguiente define los operadores aritméticos de los que hace uso F#.

Operador	Ejemplo
+	let a = 1 + 4
-	let a = 7 – 4, let b = -a
*	let a = 3 * 4
/	let a = 12 / 5
% (Módulo o residuo)	let a = 25 % 5
** (potencia, elevado a)	let a = 3 ** 2 (deben de ser datos flotantes)

1.11.2 Operadores booleanos

Estos operadores son usados para obtener el resultado de una operación booleana y es un valor que puede ser **true** o **false**. La lista siguiente define los operadores booleanos de los que hace uso F#.

Operador	Descripción
Not	Negación booleana
||	OR booleano
&&	AND booleano

Ejemplo 1.24:

```
let p = true
let q = false

let r  = p && q
```

```fsharp
printfn "%b" (not r)
```

El ejemplo 1.24 ilustra el uso de los operadores booleanos.

1.11.3 Operadores bit a bit

Permite realizar las operaciones lógicas AND, OR, XOR, NOT y desplazamientos hacia la izquierda o la derecha a nivel de los bits. La lista siguiente define los operadores a nivel de bits de los que hace uso F#.

Operador	Descripción
&&&	AND
|||	OR
^^^	XOR
~~	NOT
<<<	Deslazamiento a la izquierda
>>>	Desplazamiento a la derecha

Estos operadores pueden usarse con los tipos de datos:

- byte
- sbyte
- short (int16)
- int (int32)
- long (int64)
- ushort (uint16)
- uint (uint32)
- ulong (uint64)

Ejemplo 1.25:

```fsharp
let a = 15
let b = 32

let r  = a ||| b
printfn "%d" r
```

El ejemplo 1.25 ilustra el uso de los operadores a nivel de bits.

1.12 Palabras clave o reservadas en F#

Las palabras reservadas de F# son palabras de las que hace uso el lenguaje y por lo tanto no pueden ser usadas para nombrar variables y/o funciones. Las palabras reservadas en F# son:

abstract	and	as
assert	base	begin
class	default	delegate
do	done	downcast
downto	elif	else
end	exception	extern
false	finally	for fun
function	global	ifin
inherit	inline	interface
internal	lazy	letlet!
match	member	module
mutable	namespace	new not
null	of	open or
override	private	public rec
return	return!	select
static	struct	then do
true	try	type
upcast	use	use! val
void	when	while
with	yield	yield!

La siguiente lista de palabras está reservada para su futuro uso dentro de F#:

atomic	break
checked	component
const	constraint
constructor	continue
eager	event
external	fixed
functor	include
method	mixin
object	parallel
process	protected
pure	sealed
tailcall	trait
virtual	volatile

1.13 Ejercicios resueltos

Ejercicio 1: Hola mundo.

Dado que F# ejecuta la primera función que se encuentra lo único que necesitamos para hacer el típico programa de "Hola mundo" es poner la siguiente línea de código sola:

```fsharp
printfn "Hola mundo!"
```

Una vez puesto el código procedemos a compilarlo y a ejecutarlo y veremos cómo nuestro programa funciona a la perfección

Sin embargo, una buena práctica de programación es escribir el código completo del programa que incluye la función main. Así nuestro programa queda de la siguiente manera:

```fsharp
open System

[<EntryPoint>]
let main(args : string[]) =

    printfn "Hola mundo!"

    Console.ReadKey() |> ignore//Pasar la pantalla
    0
```

Ejercicio 2: Suma de dos números

```fsharp
open System

//Función Sumar que recibe por parámetros dos números
let Sumar a b =
    let suma = a + b//Sumar los números
    in suma//retornar la variable suma

[<EntryPoint>]
let main(args : string[]) =

    printfn "Suma de dos números\n"

    printfn "Introduce un número:"
    let n1 = Convert.ToDouble(Console.ReadLine())

    printfn "Introduce otro número:"
    let n2 = Convert.ToDouble(Console.ReadLine())
```

```fsharp
//llamada a la función Sumar
let suma = Sumar n1 n2

printfn "La suma de %f + %f es %f" n1 n2 suma

Console.ReadKey() |> ignore
0
```

Ejercicio 3: Hacer un programa que emule un cajero automático recibiendo la cantidad pedida por el usuario y retornando el número de billetes a dar.

```fsharp
open System

[<EntryPoint>]
let main(args : string[]) =

    printfn "Cantidad (multiplos de 100):"
    let mutable cantidad = Convert.ToInt32(Console.ReadLine())


    //Obtener el número de billetes de $500
    let mutable billetes = cantidad / 500
    printfn "Billetes de $500: %d" billetes

    //Calcular la nueva cantidad
    cantidad <- cantidad - (billetes * 500)

    //Obtener el número de billetes de $200
    billetes <- cantidad / 200
    printfn "Billetes de $200: %d" billetes

    //Calcular la nueva cantidad
    cantidad <- cantidad - (billetes * 200)

    //Obtener el número de billetes de $100
    billetes <- cantidad / 100
    printfn "Billetes de $100: %d" billetes

    //Calcular la nueva cantidad
    cantidad <- cantidad - (billetes * 100)

    Console.ReadKey() |> ignore
    0
```

Ejercicio 4: hacer un programa que permita convertir de °C a °F

```fsharp
open System

//Función que convierte de °C a °F
//Se especifica el tipo de dato que recibe como parámetro
let Fahrenheit (Celsius : double) =
    //Convertir de °C a °F
    let F = (Celsius * ((double)(9 / 5))) + (double)32
    in F//Retornar F

[<EntryPoint>]
let main(args : string[]) =

    printfn "Convertidor de °C a °F\n"
    printfn "Grados a convertir:"
    let C = Convert.ToDouble(Console.ReadLine())

    let F = Fahrenheit C//llamada a la función Fahrenheit
    printfn "%f °C = %f °F" C F

    Console.ReadKey() |> ignore
    0
```

1.14 Ejercicios propuestos

Ejercicio 1: Hacer un programa que reciba por teclado una temperatura en °C y muestre en pantalla su equivalente en °F y °K. Utilizar una función para convertir a °F y otra para convertir a °K.

Ejercicios 2: Hacer un programa que reciba por teclado las horas trabajadas por un empleado y retorne su sueldo si la empresa paga $75.00 por hora trabajada

Ejercicio 3: Modificar el programa resuelto en el ejercicio 3 de la sección ejercicios resueltos para que determine la cantidad de billetes y monedas a dar si la maquina trabaja con billetes de $500, $200, $100, $50, $20 y monedas de $10, $5, $2 y $1.

Ejercicio 4: Modificar el programa resuelto en el ejercicio 2 de la sección ejercicios resueltos para que a través de funciones permita realizar restas, multiplicaciones, divisiones y potencias con los dos números que se piden.

Ejercicio 5: Redefinir todos los ejercicios hechos en la sección de ejercicios resueltos para que no hagan uso del método main.

Capítulo 2: Sentencias de control

2.1 La programación tabulada.

F# no maneja las llaves para agrupar sentencias de código en un solo bloque, sino que agrupa el código en base a la tabulación que se le da dentro de éste.

Ejemplo 2.1

C#

```csharp
static void Main(string[] args)
{
    Console.WriteLine("Hola");
    Console.WriteLine("Mundo!");

    Console.ReadKey();
}
```

F#

```fsharp
let main(args : string[]) =
    printfn "Hola"
    printfn "Mundo!"

    Console.ReadKey() |> ignore
```

En el ejemplo 2.1 se aprecia cómo el código en C# está agrupado mediante llaves, mientras que en F# es agrupado mediante tabulación, es decir que el código se encuentra en la misma columna y por ende es como si estuviera agrupado por llaves.

2.2 Expresiones condicionales

Las expresiones condicionales son usadas para comparar dos o más datos. Comúnmente se usan dichas expresiones en las sentencias de control if y while. Las expresiones condicionales son:

- < (Menor que)
- > (Mayor que)
- = (igual que)
- <= (Menor o igual que)
- >= (Mayor o igual que)
- <> (Distinto que)

2.3 Sentencia if

La sentencia **if** nos permite realizar comparaciones a través de la lógica booleana y tomar decisiones dependiendo de si el resultado es verdadero o falso.

2.3.1 if simple

El if simple hace uso de la expresión **then** y dado que en F# no existen las llaves para agrupar código es muy importante que la tabulación sea la correcta. La sintaxis del if simple es la siguiente:

if [expresión booleana]
then
      //Código del if

Ejemplo 2.2

```
if n = 2
then
    printfn "n es un 2"
```

2.3.2 Sentencia if - else

Esta sentencia es el complemento de la anterior ya que de no cumplirse la condición planteada en el if se ejecutaría el código del else, es como decir "Si se cumple la condición… de lo contrario". La sintaxis del if – else es la siguiente:

if [expresión booleana]
then
      //Código del if
else
      //Código del else

Ejemplo 2.3

```
if n = 2
then
    printfn "n es un 2"
else
    printfn "n No es un 2"
```

2.3.3 Sentencia if – elif – else

Esta sentencia es el resultado de poner un if dentro del código correspondiente al else. Su sintaxis es la siguiente:

if [expresión booleana]
then
        //Código del if
elif [otra expresión booleana]
then
        //Código del elif
//…(otros elif)
else
        //Código del else

Ejemplo 2.4

```
if n < n2
then
        printfn "%d < %d" n n2
elif n > n2
then
        printfn "%d > %d" n n2
else
        printfn "%d = %d" n n2
```


2.4 Sentencia for – do - done

Esta sentencia es el ciclo for en el cual el **do** y el **done** son los sustitutos de las llaves. Este ciclo itera desde un punto de origen hasta un punto final. Existen dos clases de for en F#: el **ascendente** y el **descendente**.

2.4.1 for ascendente (for – to)

En este for la variable que itera se va incrementando hasta cumplir la condición de paro. El for ascendente hace uso de la palabra clave **to**. Su sintaxis es la siguiente:

for [variable/identificador] = [valor inicial] to [valor final]
        do
        //Código del for
done

Ejemplo 2.5

```
for j = 1 to 10
    do
    let mul = 3 * j
    printfn "3 x %d = %d" j mul
done
```

2.4.2 for descendente (for – downto)

En este for la variable que itera se va decrementando hasta cumplir la condición de paro. El for ascendente hace uso de la palabra clave **downto**. Su sintaxis es la siguiente:

for [variable | identificador] = [valor inicial] downto [valor final]
    do
    //Código del for
done

Ejemplo 2.6

```
for j = 10 downto 1
    do
      let mul = 3 * j
      printfn "3 x %d = %d" j mul
done
```

2.5 Senetencia for – in

Esta sentencia es un for especial en el cual la variable indicada en el for únicamente se incrementa. Al igual que el for hace uso de las palabras claves **do** y **done**. Este ciclo es un buen sustituto para el ciclo foreach de C#. Su sintaxis es:

for [variable | identificador] in [valor inicial] . . [valor final]
    do
    //Código del for in
done

Ejemplo 2.7

```
for j in 1..10
    do
      let mul = 3 * j
      printfn "3 x %d = %d" j mul
done
```

2.6 Sentencia while - do

Esta sentencia o ciclo se usa para realizar iterativamente algo hasta que se cumpla una condición específica. Este ciclo es el ciclo **while** de otros lenguajes de programación como C# o C++ mas no el do – while. Su sintaxis es la siguiente:

while [condición booleana]
>   **do**
>   **//Código del for in**
done

Dado que el ciclo debe de cumplir con la condición especificada en el while, la variable usada para determina dicha condición debe de ser declarada antes del ciclo y debe ser mutable.

Ejemplo 2.8

```
let mutable n = 1

while n < 5
    do
      printfn "%d" n
      n <- n + 1 //Incrementar el valor de n
done
```


2.7 Sentencia try – with – finally

Esta sentencia es útil para controlar errores o excepciones del sistema, así como para la validación de los tipos de datos. Existen dos sentencias distintas e independientes: la sentencia **try – with** y la sentencia **try – finally**. Dentro del **try** se debe de definir el código que puede generar errores, la sentencia **with** nos permite lanzar un mensaje de error y la sentencia **finally** nos permite ejecutar una acción independientemente si se generó algún error o no. Dado que las sentencias **try – with** y **try – finally** son independientes la una de la otra, éstas pueden ser anidadas a través de la siguiente sintaxis general:

try
>   **try**
>   **//Código que puede generar errores**
>   **with**
>   **| ex ->**

```
        printfn "Error: %s"          (ex.Message)
        //Acción a realizar cuando se produjo un error
finally
        //Acciones a realizar independientemente si se generó o no un error
```

Ejemplo 2.9

```fsharp
open System

let mutable n = 0

try
    try
        printf "Introduce un número entero: "
        n <- Convert.ToInt32(Console.ReadLine())
        printfn "El numero introducido fue: %d" n
    with
        | ex ->
            Console.Clear()//Limpiar la pantalla

            //Mostrar mensaje de error
            printfn "Error: %s " (ex.Message)
finally
    printfn "Fin del programa"

Console.ReadKey() |> ignore
```

2.8 Sentencia Match

Esta sentencia es la equivalente a la sentencia switch de otros lenguajes de programación. El match (llamado también pattern matching) es una de las características de los lenguajes de programación funcionales. Su sintaxis es la siguiente:

```
match [variable] with
    | [opción 1] ->
        //Acción opción 1
    | [opción 2] ->
        //Acción opción 2
    //...
    | [opción N] ->
        //Acción opción N
    | _ ->
        //Acción de las opciones no especificadas (default)
```

Esta sentencia de control se usa comúnmente para trabajar con menús dado que a diferencia de la sentencia if no recorre cada una de las opciones sino que se va directamente a la opción especificada por el usuario.

Ejemplo 2.10

```fsharp
open System

let mutable opc = ""

printfn("Mensaje (m)")
printfn("Operaciones (o)")
printfn("Opción a (a)")
printfn("Opción b (b)")
printfn("Salir (s)")

opc <- Console.ReadLine().ToLower()

match opc with
    |"m"->
        printfn("Opción 1: Mensaje")
    |"o"->
        printfn("Opcion 2: Operaciones")
    |"s"->
        printfn("Opción 3: Salir")
    |_->
        printfn("opciones no especificadas")

Console.ReadKey() |> ignore
```

También es posible anidar varias opciones un una sola línea.

Ejemplo 2.11

```fsharp
open System

let mutable opc = ""

printfn("Mensaje (m)")
printfn("Operaciones (o)")
printfn("Opción a (a)")
```

```fsharp
    printfn("Opción b (b)")
    printfn("Salir (s)")

    opc <- Console.ReadLine().ToLower()

    match opc with
        |"m"->
            printfn("Opción 1: Mensaje")
        |"o"->
            printfn("Opcion 2: Operaciones")
        |"s"->
            printfn("Opción 3: Salir")
        |"a"  |"b"->
            printfn("Opción \"a\" o \"b\"")
        |_->
            printfn("opciones no especificadas")

    Console.ReadKey() |> ignore
```

2.9 Ejercicios resueltos

Ejercicio 1: Hacer un programa que simule tirar un dado 10 veces y cuente las veces que salió cada número.

```fsharp
open System

//Creación del objeto random para generar números aleatorios
let rnd = new Random()
let mutable dado = 0

//Variables usadas para contar las veces que sale cada número
let mutable cont1 = 0
let mutable cont2 = 0
let mutable cont3 = 0
let mutable cont4 = 0
let mutable cont5 = 0
let mutable cont6 = 0

printfn "Tiros:"

for i in 1..10//For usado para simular tirar el dado y veces
    do
    dado <- rnd.Next(1, 7)//Generar aleatorios entre 1 y 6
    printfn "Tiro %d: %d" i dado
```

```fsharp
    //Registrar y contar el número que salió en el tiro
    if dado = 1
    then
        cont1 <- cont1 + 1
    elif dado = 2
    then
        cont2 <- cont2 + 1
    elif dado = 3
    then
        cont3 <- cont3 + 1
    elif dado = 4
    then
        cont4 <- cont4 + 1
    elif dado = 5
    then
        cont5 <- cont5 + 1
    elif dado = 6
    then
        cont6 <- cont6 + 1
done

//Mostrar en pantalla los resultados
printfn "\nNúmero de veces que salió cada número:"
printfn "1: %d" cont1
printfn "2: %d" cont2
printfn "3: %d" cont3
printfn "4: %d" cont4
printfn "5: %d" cont5
printfn "6: %d" cont6

Console.ReadLine() |> ignore
```

Ejercicio 2: Generar números aleatorios en un rango del 1 al 100 hasta que salga el número 77.

```fsharp
open System

//Creación del objeto random para generar números aleatorios
let rnd = new Random()
let mutable numero = 0
let mutable cont = 0

printfn "Números aleatorios:"
```

```fsharp
//Mientras el número generado sea distinto de 77
while numero <> 77
    do
    numero <- rnd.Next(1, 101)//Generar un número aleatorio

    //Mostrar en pantalla el número generado
    Console.Write(numero.ToString() + ", ")

    cont <- cont + 1//Contar el intento actual
done

printfn "\n\nEl número 77 salió en el intento número: %d" cont

Console.ReadLine() |> ignore
```

Ejercicio 3: Determinar si un número aleatorio es par o impar.

```fsharp
open System

//Creación del objeto random para generar números aleatorios
let rnd = new Random()
let numero = rnd.Next()//Generar un número aleatorio

//Ver si el número es par o impar y asignarlo a la variable tipo
let tipo =
    if (numero % 2) = 0
    then
        "Es par"
    else
        "Es impar"

printfn "El %d %s" numero tipo
Console.ReadKey() |> ignore
```

Ejercicio 4: Hacer un programa que muestre un menú y que no cierre el programa hasta que el usuario elija salir.

```fsharp
open System

let mutable opc = 0;

//Mientras opc sea distinto de 2
while opc <> 2
```

```fsharp
    do
    Console.Clear()//Limpiar la pantalla

    //Opciones del menú
    printfn "1.- Mostrar mensaje"
    printfn "2.- Salir"

    //Guardar la opción del menú que se seleccionó
    opc <- Convert.ToInt32(Console.ReadLine())

    //Acciones a realizar por cada opción del menú
    if opc = 1
    then
        Console.Clear()//Limpiar la pantalla
        printfn "Eligió la opción 1 del menú.\n"
        printfn "Presione una tecla para continuar"
        Console.ReadKey() |> ignore
    elif opc = 2
    then
        Console.Clear()//Limpiar la pantalla
    else
        Console.Clear()//Limpiar la pantalla
        printfn "Opción no válida.\n"
        printfn "Presione una tecla para continuar"
        opc <- 0
        Console.ReadKey() |> ignore
done
```

Ejercicio 5: Hacer un programa que retorne el factorial de un número dado por el usuario. El programa debe de hacer uso de una función llamada factorial

```fsharp
open System

let factorial n =
    let mutable fac = 1

    //Calcular el factorial del número
    for i = 1 to n
        do
        fac <- fac * i
    done

    fac//Retornar el factorial

//Pedir el número
```

```fsharp
printf "Número: "
let n = Convert.ToInt32(Console.ReadLine())

//llamada a la función factorial
let fac = factorial n

printfn "El factorial de %d es %d" n fac

Console.ReadKey() |> ignore
```

2.10 Ejercicios propuestos

Ejercicio 1: Hacer un programa que muestre las tablas de multiplicar del 1 hasta la de 10.

Ejercicio 2: Hacer un programa que muestre el siguiente menú haciendo uso de la sentencia match:

     1.- Suma

     2.- Resta

     3.- Multiplicación

     4.- División

     5.- Salir

El programa debe mostrar un mensaje con la opción del menú que el usuario eligió, por ejemplo si el usuario eligió la opción 1 deberá de mostrar un mensaje en la pantalla que diga "eligió la opción 1", en caso de que se elija una opción no especificada se deberá mostrar el mensaje de "Opción no válida". El programa no deberá de cerrar la ventana hasta que el usuario elija la opción de salir.

Ejercicio 3: Hacer un programa que muestre todos los números que no son múltiplos de 3 en un rango de 1 a 100.

Ejercicio 4: Modificar el ejercicio 5 de la sección ejercicios resueltos para que en vez de un ciclo for haga uso de un ciclo while.

Ejercicio 5: Validar el ejercicio anterior haciendo uso de la sentencia try – with para evitar que el programa deje de funcionar en caso de que el usuario introduzca algún tipo de dato distinto al entero.

Ejercicio 6: Hacer un programa que resuelva ecuaciones de segundo grado tomando en cuenta el caso de raíces imaginarias.

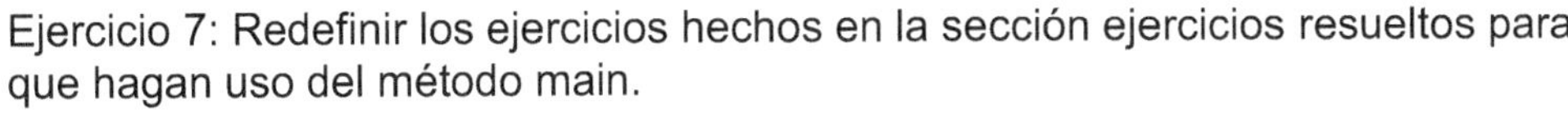

Ejercicio 7: Redefinir los ejercicios hechos en la sección ejercicios resueltos para que hagan uso del método main.

Capítulo 3: Tuplas, listas y enumeraciones

Las listas, Tuplas y enumeraciones son tipos de datos bastante útiles en cualquier lenguaje de programación. En el presente capítulo se verán el uso e implementación de estos tipos de datos en F#.

3.1 Tuplas

Una tupla es una agrupación de valores sin nombres separados por coma y agrupados con paréntesis, los cuales pueden ser de diferentes tipos. En el ejemplo 3.1 se aprecia la agrupación de valores en una tupla.

Ejemplos 3.1

```
(1, 2)
("uno", "dos")
("uno", 2, 3.5)
(true, 5, "Hola", 'c', 3.1416)
```

Las tuplas son útiles para declarar varias variables con **let** y asignarles sus valores en una sola línea de código. En el ejemplo 3.2 se declaran varias variables y se les asignan sus valores en una sola línea.

Ejemplo 3.2

```
//Declaración de varias variables a la vez con una tupla
let mutable (a, b, c, d) = (1, "dos", '@', 3.1416)

printfn "El valor de a es: %d" a
printfn "El valor de b es: %s" b
printfn "El valor de c es: %c" c
printfn "El valor de c es: %f" d
```

Las tuplas también proporcionan una manera sencilla de retornar varios valores en una función. En el ejemplo 3.3 se define una función que retorna una tupla.

Ejemplo 3.3

```
let DividirEntre2 a b c =
    let x = a / 2
    let y = b / 2
    let z = c / 2
```

```fsharp
    in (x, y, z)//Retornar la tupla
```

Es posible utilizar una tupla para pasar parámetros a una función. El ejemplo 3.4 muestra cómo pasar parámetros a una función haciendo uso de un atupla.

Ejemplo 3.4

```fsharp
let DividirEntre2 (a, b, c) =
    let x = a / 2
    let y = b / 2
    let z = c / 2

    in (x, y, z)//Retornar la tupla
```

3.2 Listas

Una lista en F# es una serie ordenada de datos del mismo tipo la cual puede ser o no inicializada al momento de ser creada. En el ejemplo 3.5 se aprecian distintos tipos de listas.

Ejemplo 3.5

```fsharp
Let mutable ListaEnteros = []//Lista vacía (sin inicializar)
let ListaString = ["uno"; "dos"; "tres"]
let ListaEnteros2 = [
        6
        7
        8
        9
]
let ListaString2 = [
        "Nombre"
        "Edad"
        "Sexo"
]
```

Para añadir un elemento a una lista se hace uso del operador ::.

Ejemplo 3.6

```
ListaEnteros <- 100 :: ListaEnteros
```

En el ejemplo 3.6 se añade el número 100 a la lista "ListaEnteros".

Para concatenar dos listas en una lista nueva se hace uso del operador @. En el ejemplo 3.7 se están concatenando las listas "ListaEnteros" y "ListaEnteros2" en una nueva lista llamada "ListaEnteros3".

Ejemplo 3.7

```
let Lista3 = ListaEnteros @ ListaEnteros2
```

Para acceder a los elementos de una lista se debe de indicar o referenciar la posición del elemento dentro de la lista al cual se desea acceder. Es importante no olvidar **colocar un punto entre el nombre de la lista y la posición** a la cual se desea acceder referenciada entre corchetes. En el ejemplo 3.8 se está accediendo al cuarto elemento dentro de la lista "Lista3".

Ejemplo 3.8

```
printfn "Elemento en la posición 3 en Lista3: %d" Lista3.[3]
```

Para obtener el número de elementos contenidos en la lista se hace uso de la propiedad **Lenght**. El ejemplo 3.9 hace uso de la propiedad Lenght para mostrar cuántos elementos hay en la lista "Lista3".

Ejemplo 3.9

```
printfn "Elementos en Lista3: %d" Lista3.Length
```

3.3 Colecciones de listas en .NET

Estas colecciones de listas (llamadas **List**) predefinidas en .NET son del tipo dinámicas y se encuentran definidas dentro del espacio de nombre **System.Collections.Generic** por lo cual para usar dichas listas es necesario importar la librería con la sentencia **open**. Una **List** es una lista dinámica que contendrá únicamente elementos de tipo que se le especifique en el momento de su creación. Su creación se hace a través del constructor definido por .NET para el List. En el ejemplo 3.10 se aprecia la creación de la lista "listaEnteros".

Ejemplo 3.10

```
let listaEnteros = new List<int>()
```

Estas listas pueden contener cualquier tipo de dato existente ya sea definido por .NET (como por ejemplo int, doublé, string) o por el usuario (como por ejemplo una clase personalizada).

Para añadir un elemento a la lista se hace uso del método **Add( )** el cual recibe como parámetro el dato a añadir a la lista. En el ejemplo 3.11 se están añadiendo elementos a la lista "listaEnteros".

Ejemplo 3.11

```
listaEnteros.Add(1)
listaEnteros.Add(25)
listaEnteros.Add(37)
```

Para acceder a los datos de la lista se debe de especificar el índice o la posición del dato dentro de la lista al cual se desea acceder. En el ejemplo 3.12 se está accediendo al segundo elemento contenido en la lista "listaEnteros".

Ejemplo 3.12

```
printfn "%d" listaEnteros.[1]
```

Para determinar la posición de un elemento dentro de la lista se hace uso del método **IndexOf( )** el cual recibe como parámetro el elemento de la lista del cual se desea determinar si posición dentro de ésta. En el ejemplo 3.13 se determina en qué posición dentro de la lista "listaEnteros" entá almacenado el número 1.

Ejemplo 3.13

```
printfn "%d" listaEnteros.IndexOf(1)
```

Para remover un elemento de la lista se hace uso del método **RemoveAt( )** el cual recibe como parámetro el índice o la posición del dato dentro de la lista que se desea remover o eliminar. En el ejemplo 3.14 se está eliminado el elemento contenido en la lista "listaEnteros" en la posición 1.

Ejemplo 3.14

```
listaEnteros.RemoveAt(1)
```

Para determinar la longitud de la lista o el número de elementos contenidos en nuestra lista se hace uso de la propiedad **Count**. En el ejemplo 3.15 se determina cuántos elementos contiene la lista "listaEnteros" y posteriormente se imprime en pantalla.

Ejemplo 3.15

```
let n = listaEnteros.Count
printfn "Elementos contenidos en la lista: %d" n
```

Para limpiar la lista o eliminar todos los elementos contenidos en ésta se hace uso del método **Clear ( )**. En el ejemplo 3.16 se están eliminando todos los elementos contenidos en "listaEnteros".

Ejemplo 3.16

```
listaEnteros.Clear()
```

3.4 Enumeraciones

Las enumeraciones son tipos de datos personalizados definidos por el usuario en donde las etiquetas se relacionan con un valor numérico. Para definir una enumeración se hace uso de la palabra reservada **type**. Su sintaxis es la siguiente:

type [Nombre de la enumeración] =
** | [Etiqueta 1] = [Valor numérico 1]**
** | [Etiqueta 2] = [Valor numérico 2]**

**   .**

**   .**

**   .**

** | [Etiqueta N] = [Valor numérico N]**

En el ejemplo 3.17 se aprecia la forma en cómo se define la enumeración "DiasSemana".

Ejemplo 3.17

```
type DiasSemana =
    | Lunes = 1
    | Martes = 2
    | Miercoles = 3
    | Jueves = 4
    | Viernes = 5
```

El tipo de valor numérico aceptado por las enumeraciones es únicamente del tipo entero.

Dado que **una enumeración contiene dos tipos de datos distintos** (string y enteros) en uno solo (la enumeración), es necesario hacer la conversión acorde al tipo de datos que se desea obtener. En el ejemplo 3.18 se aprecia la forma en como se convierten de un tipo de dato a otro dentro de la enumeración.

Ejemplo 3.18

```
let Día = DiasSemana.Miercoles.ToString()//Obtener el tipo de datos string
let NumDía = (int)DiasSemana.Miercoles//Obtener el tipo de dato entero
printfn "El %s es el día números %d de la semana" Día NumDía
```

Otra forma de acceder a los tipos de datos que contiene una enumeración es haciendo uso de **enum** el cual también requiere de una conversión explícita. En el ejemplo 3.19 se hace lo mismo que el ejemplo 3.18 pero a través de la parabra recervada enum.

Ejemplo 3.19

```
let d = enum<DiasSemana>(5).ToString()//Obtener el tipo de datos string
let n = Convert.ToInt32(enum<DiasSemana>(5))//Obtener el tipo de dato entero
printfn "El %s es el día números %d de la semana" d n
```

3.5 Ejercicios resueltos

Ejercicio 1: Enumeraciones

```fsharp
open System

//Definición de la enumeración
type DiasSemana =
     | Lunes = 1
     | Martes = 2
     | Miercoles = 3
     | Jueves = 4
     | Viernes = 5
     | Sabado = 6
     | Domingo = 7

printf "Introduce el número del día de un semana: "
let NoDía = Convert.ToInt32(Console.ReadLine())

//Obtener el tipo de datos string
let d = enum<DiasSemana>(NoDía).ToString()
//Obtener el tipo de dato entero
let n = Convert.ToInt32(enum<DiasSemana>(NoDía))

printfn "El %s es el día número %d de la semana" d n

Console.ReadKey() |> ignore
```

Ejercicio 2: Listas de F#

```fsharp
open System

let mutable NoElementos = 0

let ListaEnteros = [2; 3; 4; 5]
let ListaEnteros2 = [
    6
    7
    8
    9
]

printfn "Elementos contenidos en ListaEnteros:"
```

```fsharp
//Obtener el número de elementos en la lista
NoElementos <- ListaEnteros.Length
for i in 0..(NoElementos - 1)
    do
    //Imprimir el elemento de la lista
    printfn "%d" ListaEnteros.[i]
done

printfn "\n"

printfn "Elementos contenidos en ListaEnteros2:"
//Obtener el número de elementos en la lista
NoElementos <- ListaEnteros2.Length
for i in 0..(NoElementos - 1)
    do
    //Imprimir el elemento de la lista
    printfn "%d" ListaEnteros2.[i]
done
printfn "\n"

printfn "Concatenando las listas en ListaEnteros3"
//Concatenación de listas
let mutable ListaEnteros3 = ListaEnteros @ ListaEnteros2

printfn "Elementos contenidos en ListaEnteros3:"
//Obtener el número de elementos en la lista
NoElementos <- ListaEnteros3.Length
for i in 0..(NoElementos - 1)
    do
   //Imprimir el elemento de la lista
    printfn "%d" ListaEnteros3.[i]
done
printfn "\n"

printfn "Añadiendo el 1 a ListaEnteros3"
ListaEnteros3 <- 1 :: ListaEnteros3//Añadir el 1 a la lista

printfn "Elementos contenidos en ListaEnteros3:"
//Obtener el número de elementos en la lista
NoElementos <- ListaEnteros3.Length
for i in 0..(NoElementos - 1)
    do
   //Imprimir el elemento de la lista
    printfn "%d" ListaEnteros3.[i]
done
```

```fsharp
Console.ReadKey() |> ignore
```

Ejercicio 3: Colecciones de listas en .NET

```fsharp
open System
open System.Collections.Generic//Necesaria para trabajar con
Listas

let rnd = new Random()//Creación del objeto Random
let listaEnteros = new List<int>()//Creación del objeto
listaEnteros

//Añadir números aleatorios del 1 al 10 a listaEnteros
for i in 0..4
    do
    listaEnteros.Add(rnd.Next(1,11))//Añadir un elemento a la
lista
done

//Obtener el número de elementos en la lista
let NoElementos = listaEnteros.Count

printfn "Elementos en la lista:"
for i in 0..(NoElementos - 1)
    do
    printfn "%d" listaEnteros.[i]//Imprimir el elemento de la
lista
done
printfn "\n"

let b = listaEnteros.Contains(7)//¿La lista contiene un 7?
printfn "¿La lista contiene un 7? %b" b

Console.ReadKey() |> ignore
```

3.6 Ejercicios propuestos

Ejercicio 1: Hacer un programa que genere 20 números aleatorios del 1 al 100. El programa deberá de determinar si el número generado ya existe en una lista de números; de existir el número generado deberá de contar cuántas veces ha salido y de no existir deberá de agregarlo a la lista de números. Al final el programa deberá desplegar los números contenidos en la lista y las veces que salió cada número.

Ejercicio 2: Hacer una lista vacía de F# que contendrá datos de tipo entero los cuales van a ser introducidos por el usuario. El programa deberá de pedirle al usuario el número de datos a introducir y porteriormente pedir los datos en la lista. Una vez que la lista contenga datos pasar todos los datos de la lista a una colección de lista de .NET.

Capítulo 4:
Matrices y arreglos

4.1 Arreglos unidimensionales

Un arreglo o matriz unidimensional es un vector de dimensión "n" que contiene un número específico de elementos. Una matriz no es otra cosa que un espacio reservado de memoria cuya finalidad es guardar un grupo de datos de forma ordenada y estructurada para evitar declarar un número alto de variables.

4.1.1 Declaración

La declaración de una matriz unidimensional o vector se hace de la siguiente manera:

let vector = null

En el ejemplo 4.1 se aprecia la declaración del vector "arreglo1".

Ejemplo 4.1

```
let arreglo1 = null
```

4.1.2 Creación

La creación de un vector requiere de su inicialización. Dicha inicialización puede ser manual (la cual contendrá distintos tipos de datos) o general (en la cual todos los elementos se inicializan con el mismo valor).

Ejemplo 4.2

```
//Creación de un vector con inicialización manual
let arreglo3 = [|1; 2; 3; 4; 5|]
let arreglo4 = [|
    5
    7
    9
    13
    21
|]
```


En el ejemplo 4.2 el usuario crea e inicializa el vector de manera manual. Note que si la creación se hace en la misma línea los elementos se separan a través de punto y coma mientras que si la creación se hace en varias líneas cada elemento del vector se debe de escribir en una nueva línea. Los elementos del vector deben de estar contenidos entre los caracteres **[| |]**.

Ejemplo 4.3

```
//Creeación de un arreglo de 10 elementos inicializados en 0
let arreglo1 = Array.create 10 0
```

La creación e inicialización del ejemplo 4.3 (a diferencia de la inicialización vista en el ejemplo 4.1) se hace de manera automática y todos los elementos del vector contendrán el mismo elemento. En este ejemplo se crea un vector de longitud 10 (que contiene 10 elementos) inicializados todos en 0.

4.2.3 Asignación de elementos

Para asignar un elemento (o valor) a un vector se debe de especificar la posición o índice en el cual se va a realizar dicha asignación. En el ejemplo 4.4 se aprecia la asignación del número 12 en la posición 5 del arreglo.

Ejemplo 4.4

```
arreglo1.[5] <- 12//Asignar un 12 en la posición 5 de la matriz
```

Es importante remarcar que **los índices de un vector van desde la posición 0 hasta la n – 1**. Por ejemplo, en el vector creado en el ejemplo 4.3 sus índices correspondientes serían 0, 1, 2, 3, 4, 5, 6, 7, 8 y 9.

4.2.3 Acceso a los elementos de un vector

Para acceder a los elementos (o valores) a un vector se debe de especificar la posición o índice a la cual se desea acceder. En el ejemplo 4.5 se está accediendo al dato contenido en la posición 5 del arreglo "arreglo1".

Ejemplo 4.5

```
//Acceder al elemento en la posición 5 del vector
printfn "%d" arreglo1.[5]
```

Si se desea acceder a todos los elementos del vector se puede hacer uso de un ciclo for de los cuales el más adecuado sería el **for-in**. Para esto es de gran utilidad conocer la longitud del vector, esto se hace a través de la propiedad **Length** la cual retorna la longitud del vector. En el ejemplo 4.6 se accede y se muestran todos los elementos contenidos en el vector "arreglo1".

Ejemplo 4.6

```
//Acceso a los elementos del vector
```

```
let n = arreglo1.Length - 1
for i in 0..n
    do
    printfn "%d" arreglo1.[i]
done
```

4.2 Matrices de matrices

Una matriz, como ya lo vimos, es un espacio reservado de memoria en el cual se puede almacenar cualquier tipo de dato, incluidos otras matrices. Cuando una matriz contiene en cada uno de sus espacios otra matriz se dice que se está trabajando con una matriz de matrices. Este tipo de matrices son útiles para la creación de arreglos multidimensionales, los cuales tienen mínimo 2 dimensiones (renglones y columnas).

4.2.1 Declaración

La declaración de una matriz de matrices se hace exactamente igual que una matriz unidimensional o vector. En el ejemplo 4.7 se aprecia la declaración de la matriz "mat".

let vector = null

Ejemplo 4.7

```
let mat = null
```

4.2.2 Creación

La creación de una matriz de matrices requiere de su inicialización. Al igual que en un vector la inicialización puede ser manual (la cual contendrá distintas matrices) o general (en la cual todos los elementos se inicializan con el mismo valor).

Ejemplo 4.8

```
//Creación de una matriz de matrices de 3x3 con inicialización
manual
let mat = [|
    [|1; 2; 3|]
    [|4; 5; 6|]
    [|7; 8; 9|]
|]
```

En el ejemplo 4.8 el usuario crea e inicializa la matriz de matrices de manera manual. Note que la creación de las matrices internas se hace en varias líneas independientes, cada matriz del vector se debe de escribir en una nueva línea. Los elementos del vector deben de estar contenidos entre los caracteres **[| |]**.

Ejemplo 4.9

```
//Creación de una matriz de 3x3 con sus elementos inicializados en 0
let mat = Array.create 3 null//Creación de la matriz principal
for i in 0..2
    do
    mat.[i] <- Array.create 3 0//Creación de las matrices internas
done
```

La creación e inicialización del ejemplo 4.9 (a diferencia de la inicialización vista en el ejemplo 4.8) se hace de manera automática y todos los elementos de la matriz de matrices contendrán el mismo elemento. En este ejemplo se crea un vector o matriz principal de longitud 3 que contiene otros 3 vectores o matrices internas de longitud 3 inicializados todos en 0.

4.2.3 Asignación de elementos

Para asignar un elemento (o valor) a un matriz de matrices se debe de especificar la posición o índice de la matriz principal en el cual se va a realizar una asignación de algún valor en un índice de una matriz interna. En el ejemplo 4.10 se asigna el número 7 en la posición 0 de la matriz contenida en la posición 1 de la matriz principal.

Ejemplo 4.10

```
(*Asignar un 7 a la posición 0 de la matriz en el índice 1 de la matriz principal*)
mat.[1].[0] <- 7
```

Al igual que en los vectores, **los índices de una matriz de matrices van desde la posición 0 hasta la n − 1**. Por ejemplo, en la matriz de matrices creada en el ejemplo 4.9 sus índices correspondientes serían: [0, 0], [0, 1], [0, 2], [1, 0], [1, 1], [1, 2], [2, 0], [2, 1], [2, 2].

4.2.4 Acceso a los elementos de una matriz de matrices.

Para acceder a los elementos (o valores) de una matriz de matrices se debe de especificar las posiciones o índices a la cual se desea acceder. En el ejemplo 4.11 se accede al elemento contenido en la posición 0 de la matriz albergada en la posición 1 de la matriz principal.

Ejemplo 4.11

```
printf "%d" mat.[1].[0](*Mostrar el contenido de la matriz en la
posición [1, 0]*)
```

Si se desea acceder a todos los elementos del vector se puede hacer uso de ciclos for anidados de los cuales el más adecuado sería el **for-in**. Para esto es de gran utilidad conocer la longitud de la matriz principal y de las matrices internas. Esto se hace a través de la propiedad **Length** la cual retorna la longitud del vector. El ejemplo 4.12 accede y muestra todos los elementos contenidos en la matriz de matrices "mat".

Ejemplo 4.12

```
//Obtener la longitud de la matriz principal
let renglones = mat.Length - 1
for r in 0..renglones//For que recorre la matriz principal
    do
    //Obtener la longitud de la matriz interna
    let columnas = mat.[r].Length – 1

    for c in 0..columnas//For que recorre la matriz interna
        do
        printf "%d\t" mat.[r].[c]//Mostrar el contenido de "mat"
    done
    printfn ""//Imprimir una línea en blanco
done
```

4.3 Arreglos multidimensionales

Un arreglo multidimensional es un arreglo de dos o más dimensiones que funcionan de manera similar a una matriz de matrices. F# define 3 tipos de arreglos multidimensionales: 2D, 3D y 4D.

4.3.1 Declaración

La declaración de un arreglo multidimensional se hace exactamente igual que una matriz unidimensional o vector. En el ejemplo 4.13 se aprecia la declaración de arreglos multidimensionales.

let vector = null

Ejemplo 4.13

```
let Array2D = null
let Array3D = null
let Array4D = null
```

4.3.2 Creación

La creación de un arreglo multidimensional requiere de su inicialización, la cual debe de ser general (en donde todos los elementos se inicializan con el mismo valor). En el ejemplo 4.14 se muestra la inicialización de arreglos multidimensionales.

Ejemplo 4.14

```
let mat2D = Array2D.create 2 3 0//Matriz de 2x3 inicializada en 0
let mat3D = Array3D.create 2 3 2 ""(*Matriz de 2x3x2 inicializada
en "" *)
let mat4D = Array4D.create 3 3 3 4 false(*Matriz de 3x3x3x4
inicializada en false *)
```

En la creación e inicialización de los vectores multidimensionales del ejemplo 4.14, el último dato especificado corresponde al valor de inicialización, mientras que los demás datos corresponden a las longitudes de las capas vector multidimensional.

4.3.3 Asignación de elementos

Para asignar un elemento (o valor) a un vector multidimensional se debe de especificar las posiciones o índices del vector en el cual se va a realizar una asignación de algún valor. En el ejemplo 4.15 se asignan valores a los arreglos multidimensionales en la posición edpecificada.

Ejemplo 4.15

```
//Asignación de elementos
mat2D.[0,1] <- 12
mat3D.[1,1,1] <- "Hola"
```

```
mat4D.[1,0,0,1] <- true
```

Al igual que en los vectores, **los índices de un arreglo multidimencional van desde la posición 0 hasta la n – 1**. Por ejemplo, en "mat2D" creada en el ejemplo 4.14 sus índices correspondientes serían: [0, 0], [0, 1], [0, 2], [1, 0], [1, 1], [1, 2].

4.3.4 Acceso a los elementos de un vector multidimensional

Para acceder a los elementos (o valores) de un vector multidimensional se debe de especificar las posiciones o índices a la cual se desea acceder. En el ejemplo 4.16 se accede al dato contenido en la posición 1, 0 del arreglo multidimensional "mat2D"

Ejemplo 4.16

```
printfn "%d" mat2D.[1,0](*Mostrar el contenido de mat2D en la
posición [1, 0]*)
```

Si se desea acceder a todos los elementos del vector multidimensional se puede hacer uso de ciclos for anidados de los cuales el más adecuado sería el **for-in**. Para esto es de gran utilidad conocer la longitud de cada una de las dimensiones del vector multidimensional. Esto se hace a través del método **GetLength( )** el cual recibe como parámetro la dimensión de donde deseamos saber su longitud y la retorna. En el ejemplo 4.17 se acceden a todos lo elementos contenidos en "mat2D" y se muetran en pantalla.

Ejemplo 4.17

```
//Acceso a los elementos del vector multidimensional
let fila = mat2D.GetLength(0) - 1//Longitud de las filas
let col = mat2D.GetLength(1) - 1//Longitud de las columnas
for f in 0..fila
    do
    for c in 0..col
        do
        printf "%d\t" mat2D.[f, c]
    done
    printfn ""
done
```

4.4 Copias y comparación de matrices

Para hacer una copia de una matriz lo único que debemos hacer es crear una variable mediante **let** e inicializarla en la matriz que se desea copiar. En el ejemplo 4.18 se copia la matriz "mat2D" a la matriz "mat2DCopia".

Ejemplo 4.18

```
let mat2DCopia = mat2D
```

Si lo que deseamos es comparar una matriz con otra debemos de hacer uso del método **Equals( )** el cual recibe como parámetro el vector o matriz con el cual se desea comparar. En el ejemplo 4.19 se comparan las matrices mat2D y mat2DCopia.

Ejemplo 4.19

```
if mat2D.Equals(mat2DCopia)
then
    printfn "Matrices iguales"
else
    printfn "Matrices distintas"
```

4.5 Ejercicios resueltos

Ejercicio 1: Hacer un programa que realice la suma y la multiplicación de dos vectores y retorne el vector resultante.

```
open System

let llenarVector (a : int[]) =
    //Determinar la longitud del arreglo
    let n = a.Length

    //LLenar el arreglo con números aleatorios
    for i in 0..(n - 1)
        do
        printf "valor %d: " (i + 1)
        a.[i] <- Convert.ToInt32(Console.ReadLine())
    done

let imprimirVector (a : int[]) =
    //Determinar la longitud del arreglo
```

```fsharp
    let n = a.Length

    //Imprimir el vector
    printf "[  "
    for i in 0..(n - 1)
        do
        printf "%d  " a.[i]
    done
    printf "]"

let sumar (a : int[], b : int[]) =
    //Determinar la longitud del arreglo
    let n = a.Length

    //Creación del vector resultante
    let matR = Array.create n 0

    //Hacer la suma de los vectores
    for i in 0..(n - 1)
        do
        matR.[i] <- a.[i] + b.[i]
    done

    matR//Retornar el vector resultante

let multiplicar (a : int[], b : int[]) =
    //Determinar la longitud del arreglo
    let n = a.Length

    //Creación del vector resultante
    let matR = Array.create n 0

    //Hacer la multiplicación de los vectores
    for i in 0..(n-1)
        do
        matR.[i] <- a.[i] * b.[i]
    done

    matR//Retornar el vector resultante

//Pedir la longitud de los vectores
printf "Longitud de los vectores: "
let n = Convert.ToInt32(Console.ReadLine())

//Creación de los vectores
let vector1 = Array.create n 0
```

```fsharp
let vector2 = Array.create n 0

//Llenar los  vectores
printfn "Introduce los valores del vector 1:"
llenarVector(vector1)
printfn "\nIntroduce los valores del vector 1:"
llenarVector(vector2)

Console.Clear()//Limpiar la pantalla

//Operaciones con los vectores
let vecSuma = sumar(vector1, vector2)
let vecMultiplicar = multiplicar(vector1, vector2)

printfn ""//Imprimir una línea en blanco

//Imprimir la suma de vectores
printfn "Suma:"
imprimirVector(vector1)
printf " + "
imprimirVector(vector2)
printf " = "
imprimirVector(vecSuma)
printfn "\n"

//Imprimir la multiplicación de vectores
printfn "Multiplicación:"
imprimirVector(vector1)
printf " x "
imprimirVector(vector2)
printf " = "
imprimirVector(vecMultiplicar)
printfn ""

Console.ReadKey() |> ignore
```

Ejercicio 2: Hacer un programa que resuelva un sistema de ecuaciones haciendo uso del método Gauss-Jordan.

```fsharp
open System

printfn "Sistema de ecuaciones con Gauss-Jordan\n"

//Pedir el número de ecuaciones
printf "Número de ecuaciones: "
//Guardar el número de ecuaciones
```

```fsharp
let n = Convert.ToInt32(Console.ReadLine())

printfn ""//Imprimir una línea en blanco

//Creación de la matriz que contendrá las ecuaciones
let mat = Array2D.create n (n + 1) 0.0

//Pedir los datos de las ecuaciones
for ec = 0 to (n - 1)//Pedir los valores de cada ecuación
    do
    printfn "Ecuación %d" (ec + 1)
    for i = 0 to n//Pedir los datos de la ecuación
        do
        if i < n
        then
            printf "Valor del coeficiente de la incógnita %d de la
ecuación %d: " (i + 1) (ec + 1)
        else
            printf "Valor de la igualdad de la ecuación %d: " (ec
+ 1)

        //Guardar el valor en la matriz de ecuaciones
        mat.[ec, i] <- Convert.ToDouble(Console.ReadLine())
    done
    printfn ""//Imprimir una línea en blanco
done

let mutable div = 0.0
let mutable mul = 0.0

for i = 0 to (n - 1)//for que hace referencia a la fila pivote
    do
    (*Establecer el valor por el cual se va a dividir
    para hacer 1 el pivote*)
    div <- mat.[i, i]

    for j = i to n//Hacer 1 el pivote
        do
        mat.[i,j] <- mat.[i,j] / div
    done

    for k = 0 to (n - 1)//for usado para moverse en las filas
        do
        if k <> i//Si la fila actual no es la fila pivote
        then
            (*Establecer el valor por el cual se va a
```

```fsharp
                Multiplicar para hacer 0 los valores de la 
                columna pivote*)
                mul <- mat.[k,i]

                for l = i to n//for para moverse en las columnas
                    do
                    //Hacer las restas (reducción gaussiana)
                    mat.[k,l] <- mat.[k,l] - (mat.[i,l] * mul)
                done
        done
done

//Imprimir la matriz resultante
printfn "\nResultado:"
for r = 0 to (n - 1)
    do
    for c = 0 to n
        do
        printf "%f\t" mat.[r,c]
    done
    printfn ""//Imprimir una línea en blanco
done

Console.ReadKey() |> ignore
```

Ejercicio 3: Hacer un programa que realice la multiplicación de matrices y retorne la matriz resultante. Recuerde que la multiplicación de matrices se hace multiplicando el renglón de la matriz 1 por la columna de la matriz 2. El programa deberá de implementar el método main.

Antes de proceder a escribir el código es bueno detenerse a analizar cómo funciona el objeto que se va a programar en el mundo real, en este caso se analizará cómo funciona el producto de dos matrices.

Primero; el número de columnas en la matriz 1 debe de ser igual al número de filas o reglones en la matriz 2, mientras que el número de filas o renglones en la matriz 1 y el número de columnas en la matriz 2 pueden variar siempre y cuando sean mayores a cero.

Segundo, la longitud de la matriz resultante [filas, columnas] está dada por el número de filas en la matriz uno y el número de columnas en la matriz dos.

Ahora, sería bueno hacer un ejemplo para estudiarlo y comprender cómo funciona. En este caso vamos a realizar el producto de una matriz de 2x3 con una matriz de 3x2.

$$\begin{pmatrix} 1 & 1 & 1 \\ 2 & 2 & 2 \end{pmatrix} x \begin{pmatrix} 1 & 2 \\ 3 & 4 \\ 5 & 6 \end{pmatrix} = \begin{pmatrix} 9 & 12 \\ 18 & 24 \end{pmatrix}$$

En el ejemplo se aprecia que lo planteado anteriormente resulta ser correcto. Ahora vamos a proceder a verlo a través de la lógica de programación. Para esto llamaremos a la primera matriz "M1", a la segunda matriz "M2" y a la matriz resultante "Mr".

Mr[0, 0] = M1[0, 0] * M2[0, 0] + M1[0, 1] * M2[1, 0] + M1[0, 2] * M2[2, 0]

Mr[0, 1] = M1[0, 0] * M2[0, 1] + M1[0, 1] * M2[1, 1] + M1[0, 2] * M2[2, 1]

Mr[1, 0] = M1[1, 0] * M2[0, 0] + M1[1, 1] * M2[1, 0] + M1[1, 2] * M2[2, 0]

Mr[1, 1] = M1[1, 0] * M2[0, 1] + M1[1, 1] * M2[1, 1] + M1[1, 2] * M2[2, 1]

En el análisis anterior es fácil apreciar que para programar la multiplicación de matrices necesitamos de 3 ciclos for anidados y en orden. Primero debe de definirse en for correspondiente al color verde, luego el for correspondiente al color rojo y por último el for correspondiente al color amarillo.

Una vez hecho el análisis previo procedemos a programar el código que pueda realizar una multiplicación de matrices.

```fsharp
open System

let multiplicar (a : int[,], b : int[,]) =
    //Obtener las dimensiones de la matriz
    let filas = a.GetLength(0)
    let columnas = b.GetLength(1)
    let indice = a.GetLength(1)

    //Creación de la matriz resultante
    let mat = Array2D.create filas columnas 0

    //Hacer al producto de matrices siguiendo la regla de renglón-
columna
    for ren in 0..(filas - 1)
        do
        for col in 0..(columnas - 1)
            do
            for i in 0..(indice - 1)
                do
                mat.[ren, col] <- mat.[ren, col] + (a.[ren, i] *
b.[i, col])
            done
        done
    done
```

```fsharp
        mat//Retornar la matriz resultante

let llenar (a : int[,]) =
    let fila = a.GetLength(0)
    let columna = a.GetLength(1)

    //Llenar la matriz
    for r in 0..(fila - 1)
        do
        printfn "Fila %d:" (r + 1)
        for c in 0..(columna - 1)
            do
            //Pedir el dato al usuario
            printf "Dato %d: " (c + 1)
            //Guardar el dato
            a.[r, c] <- Convert.ToInt32(Console.ReadLine())
        done
    done

[<EntryPoint>]
let main argv =
    let mutable (r, c) = (0, 0)
    let mutable (m1, m2) = (null, null)

    //Pedri la longitud de las marices
    for i in 1..2
        do
        printf "Número de filas o renglones en la matriz %d: " i
        r <- Convert.ToInt32(Console.ReadLine())
        printf "Número de columnas en la matriz %d: " i
        c <- Convert.ToInt32(Console.ReadLine())

        if i = 1
        then
            //Crear la mariz 1
            m1 <- Array2D.create r c 0
            printfn "Llenar la matriz 1:"
            llenar(m1)
        else
            //Crear la matriz 2
            m2 <- Array2D.create r c 0
            printfn "\nLlenar la matriz 2:"
            llenar(m2)

        printfn ""
```

```fsharp
        done

    Console.Clear()//Limpiar la pantalla

    //Establecer la matriz resultante
    let mr = multiplicar(m1, m2)

    printfn "Matriz 1:\n%A\n" m1
    printfn "Matriz 2:\n%A\n" m2
    printfn "Matriz producto:\n%A\n" mr

    Console.ReadKey() |> ignore
    0
```

Ejercicio 4: Hacer un programa que busque en un vector de 10 elementos un número introducido por el usuario haciendo uso del método de búsqueda secuencial.

```fsharp
open System

let llenarVector (a : int[]) =
    let rnd = new Random()
    let n = a.Length

    for i in 0..(n - 1)
        do
        a.[i] <- rnd.Next(0, 10)
    done

let mutable b = false

//Creación del vetor
let numeros = Array.create 10 0
llenarVector(numeros)
printfn "Números en el vector:\n%A\n" numeros

//Pedir el número a buscar
printf "Número a buscar: "
let n = Convert.ToInt32(Console.ReadLine())

for i in 0..9
    do
    if numeros.[i] = n
    then
        printfn "Número encontrado en el índice %d" i
        b <- true
```

```fsharp
done

if b = false
then
    printfn "El vector no contiene el dato buscado"

printfn ""

Console.ReadKey() |> ignore
```

4.6 Ejercicios propuestos

Ejercicio 1: Realizar los ejercicios del 2 al 4 de la sección ejercicios resueltos sustituyendo las matrices multidimensionales por matrices de matrices.

Ejercicio 2: Llenar una matriz de 4x7 con la suma de sus índices. Por ejemplo, en índice [3, 2] poner el valor de 5.

Ejercicio 3: Redefinir el programa que simula tirar un dado 10 veces hecho en el ejercicio 1 de la sección ejercicios resueltos correspondientes al capítulo 2 para que en vez de hacer uso de 6 variables para contar las veces que sale un número se haga uso de una matriz.

Ejercicio 4: Redefinir el ejercicio 3 de la sección ejercicios resueltos para que no haga uso del método main.

Capítulo 5: Tipos de dato String

La clase String definida dentro de .NET proporciona métodos para examinar caracteres individuales de una cadena de caracteres, comparar cadenas, buscar, obtener subcadenas, copiar cadenas, etc.

5.1 Método ToString( )

Este método permite convertir cualquier tipo de dato en una cadena de caracteres o String. En el ejemplo 5.1 se aprecia el uso del método ToString( ).

Ejemplo 5.1:

```fsharp
let b = true
let str = b.ToString()
printfn "%s" str
```

También es posible redefinir este método haciendo uso de override. El ejemplo 5.2 muestra cómo se redefine el método ToString( ).

Ejemplo 5.2

```fsharp
type Punto2D(X : float, Y : float) =
    let mutable x = X
    let mutable y = Y

    //...

    override this.ToString() =
        "(" + x.ToString() + ", " + y.ToString() + ")"

    //...
```

Una vez redefinido el método ToString( ) dentro de una clase, interfaz o estructura (temas vistos en el capítulo 6 de programación orientada a objetos) se usa igual que con cualquier otro tipo de dato.

Ejemplo 5.3:

```fsharp
let p = new Punto2D(2.0, 4.0)
let str = p.ToString()
printfn "%s" str
```

En el ejemplo 5.3 se aprecia el uso del método ToString( ) para el objeto "p" de la clase "Punto2D"

5.2 Propiedad Length

Esta propiedad retorna la longitud de la cadena de caracteres como si se tratase de una matriz o vector. Su sintaxis es:

[DatoString].Length

Ejemplo 5.4:

```
let str = "Hola mundo!"
let long = str.Length
printfn "\"%s\" tiene una longitud de %d caracteres" str long
```

En el ejemplo 5.4 observamos el uso de la propiedad Length. Nótese que en el ejemplo anterior se hace uso del caracter \" el cual nos permite mostrar comillas en un String.

5.3 Método ToLower( )

Este método devuelve el mismo String pero con todos los caracteres pasados a minúsculas. Su sintaxis es:

[Dato String].ToLower( )

En el ejemplo 5.5 se ve el uso de dicho método.

Ejemplo 5.5:

```
let str = "Hola Mundo!"
printfn "%s" str
printfn "%s" (str.ToLower())
```

5.4 Método ToUpper( )

Este método devuelve el mismo String pero con todos los caracteres pasados a mayúsculas. Su sintaxis es:

[Dato String].ToUpper( )

En el ejemplo 5.6 se ve el uso de dicho método.

Ejemplo 5.6:

```
let str = "Hola Mundo!"
printfn "%s" str
printfn "%s" (str.ToUpper())
```


5.5 Método StartsWith( )

Este método nos permite determinar si una cadena empieza con un caracter o caracteres determinados. Su sintaxis es:

[Dato String].StartsWith([Dato String])

Ejemplo 5.7:

```
let str = "Hola Mundo!"
let b = str.StartsWith("Hola")

if(b = true)
then
    printfn "La cadena: \"%s\" empieza con \"Hola\": %b" str b
else
    printfn "La cadena: \"%s\" NO empieza con \"Hola\": %b" str b
```


En el ejemplo 5.7 se aprecia el uso del método StartsWith para determinar si una cadena de texto empieza con "Hola" o no.

5.6 Método EndsWith( )

Este método nos permite determinar si una cadena empieza con un caracter o caracteres determinados. Su sintaxis es:

[Dato String].EndsWith([Dato String])

Ejemplo 5.8:

```
let str = "Hola Mundo!"
let b = str.EndsWith("Mundo!")

if(b = true)
then
    printfn "La cadena: \"%s\" empieza con \"Hola!\": %b" str b
else
    printfn "La cadena: \"%s\" NO empieza con \"Hola!\": %b" str b
```


En el ejemplo 5.8 se aprecia el uso del método StartsWith para determinar si una cadena de texto empieza con "Hola" o no.

5.7 String Concat( )

Este método retorna un nuevo String resultado de concatenar dos datos tipo String. Si sintaxis es:

String.Concat([Dato String 1], [Dato String 2])

Ejemplo 5.9:

```
let str1 = "Ayer "
let str2 = "llovió"

let str = String.Concat(str1, str2)
printfn "%s" str
```


En el ejemplo 5.9 se aprecia la concatenación de dos datos tipo string.

5.8 String Format

Este método nos permite darle un formato a una cadena de tipo String. En .NET está definido un tipo de formato para cada tipo de dato. La tabla 8.1 muestra los tipos de formatos predefinidos en .NET.

Formato a caracteres	
Carácter	**Descripción**
C o c	Monedas
D o d	Enteros
E o e	Notación científica
F o f	Flotantes
G o g	General
N o n	Numérico
P o p	Porcentajes
X o x	Hexadecimal

Tabla 8.1

Ejemplo 5.10: Delimitar el número de decimales a mostrar en un flotante

```
let div = 10.0 / 3.0
printfn "%f" div

let div2 = String.Format("{0:F2}", div)
printfn "%s" div2
```

En el ejemplo 5.10 se delimita el número de decimales a mostrar en dos dígitos a través de la instrucción "F2" dentro del String.Format.

Ejemplo 5.11: Formato de monedas.

```
let str = String.Format("{0:C}", 1570)
printfn "%s" str
```

En el ejemplo 5.11 se le da un formato de tipo monetario a la cadena de texto.

Ejemplo 5.12: Formato a porcentajes

```fsharp
let porcentaje = String.Format("{0}/{1} = {2:P}", 1, 4, 0.25)
printfn "%s" porcentaje
```

El ejemplo 5.12 está conformado por dos tipos de datos: dos enteros y uno flotante. Al dato flotante es al que se le está dando el formato de tipo porcentaje. Es importante destacar el orden de la cadena la cual es definida a través de los índices ({0}, {1}, {2}) que hacen referencia a los datos a mostrar (1, 4, 0.25). Así la posición {0} equivale al valor 1, la posición {1} equivale al valor 4 y la posición {2} equivale al valor 0.25.

Ejemplo 5.13: Formato de notación científica

```fsharp
let NotacionCientífica = String.Format("{0} = {0:E}", 12000)
printfn "%s" NotacionCientífica
```

En el ejemplo 5.13 se despliega 12000 en notación científica.

5.9 String CompareTo

Este método compara dos datos tipo String y devuelve un menos uno, un cero o un uno dependiendo del resultado obtenido de la comparación. Su sintaxis es:

[Dato String 1].CompareTo([Dato String 2])

Se utiliza dentro de un **if** para poder determinar la comparación entre los datos de tipo String. Los resultados para realizar la comparación son:

- **< 0**: El String que realiza la comparación es menor que el String que se pasa como parámetro.
- **> 0**: El String que realiza la comparación es mayor que el String que se pasa como parámetro.
- **= 0**: El String que realiza la comparación es igual que el String que se pasa como parámetro.

En el ejemplo 5.14 se compara el valor contenido por la variable str1 con el valor contenido en la variable str2.

Ejemplo 5.14:

```fsharp
let str1 = "9"
let str2 = "5"

//Si el primer String es menor que el segundo
if str1.CompareTo(str2) < 0
then
    printfn "%s < %s" str1 str2
else//equivale a str1.CompareTo(str2) > 0
    printfn "%s > %s" str1 str2

//Si el primer String es mayor que el segundo
if str2.CompareTo(str1) > 0
then
    printfn "%s > %s" str2 str1
else//equivale a str2.CompareTo(str1) < 0
    printfn "%s < %s" str2 str1

//Si los String son iguales
if str1.CompareTo(str2) = 0
then
    printfn "%s = %s" str1 str2
else//Si los String NO son iguales
    printfn "%s != %s" str1 str2
```

5.10 String Replace

Este método devuelve un Nuevo String resultado de remplazar alguna cadena de caracteres dentro de un String definido. Su sintaxis es:

[Dato String].Replace([Caracter a remplazar], [Caracter a insertar])

Ejemplo 5.15:

```fsharp
let mutable Cadena1 = "Hola Mundo!"
printfn "%s" Cadena1

//Remplazar Mundo por José
Cadena1 <- Cadena1.Replace("Mundo", "José")
printfn "%s" Cadena1
```

5.11 String Insert

Este método devuelve un nuevo String resultado de insertar caracteres en un String definido con anterioridad. Su sintaxis es:

String.Insert([int Posisión/índice], [Dato String])

Ejemplo 5.16:

```
let mutable cadena = "0123456789"
printfn "%s" cadena


//Insertar "abcde" en la posición 4
cadena <- cadena.Insert(4, "abcde")
printfn "%s" cadena
```

5.12 String IndexOf

Este método devuelve la posición o el índice en el cual se encuentra un carácter o caracteres especificados dentro de un String. Su sintaxis es:

[Dato String].IndexOf([Caracteres a buscar])

El método devolverá un -1 si no se encontró el caracter o caracteres buscados dentro del String.

Ejemplo 5.17:

```
let mutable cadena = "aeiou"
printfn "%s" cadena
let pos = cadena.IndexOf("i")
printfn "La letra \"i\" está en el índice %d de la cadena" pos
```

5.13 String Substring

Este método retorna un nuevo String que encapsula una **sub cadena de un String** formada por "n" caracteres a partir de la posición especificada. La posición dentro de la cadena String original se empieza a contar desde cero como en los vectores. Su sintaxis es:

[Dato String].Substring([int Posición/Índice], [int Longitud])

Ejemplo 5.18:

```fsharp
let str = "0123456789"
let longitud = str.Length - 1

printfn "Cadena: %s\n" str

printfn "Elementos en la cadena:"
for i in 0..longitud
    do
    let substr = str.Substring(i, 1)
    printfn "%s" substr
done
printfn ""

printfn "Sub cadena obtenida de la posición 2 con una longitud de
6 caracteres:"
let substr = str.Substring(2, 6)
printfn "%s" substr
```

5.14 String Split

Este método retorna una matriz de tipo String con los datos formados por el String principal separados a partir de un caracter separador especificado por el usuario. Su sintaxis es:

[Dato String].Split([Caracter separador])

Ejemplo 5.19:

```fsharp
let str = "0,1,2,3,4,5,6,7,8,9"
let matStr = str.Split(',')
printfn "%A" matStr
```

5.15 String como matriz de caracteres

F# añade una funcionalidad más a los datos de tipo String, ésta es que todos los datos String pueden ser manejados como si se tratase de un **vector char** (vector de caracteres). Así, si queremos acceder a un caracter específico dentro de un String podemos hacer referencia a éste a través de su índice.

Ejemplo 5.20:

```
let str = "abcdefghijklmnopqrstuvwxyz"

let longitud = str.Length - 1

printfn "Cadena: %s\n" str

printfn "Elementos en la cadena:"
for i in 0..longitud
    do
    let caracter = str.[i]
    printfn "Índice %d: %c" i caracter
done
```

En el ejemplo anterior se aprecia como es posible manipular un String como si se tratase de un vector de caracteres.

5.16 Expresiones regulares

Las expresiones regulares son una poderosa herramienta que nos permite la manipulación avanzada de texto almacenado en un dato tipo String. Una expresión regular es una cadena de texto que describe algún tipo de patrón. Para trabajar con expresiones regulares es necesario declarar la directriz **System.Text.RegularExpression**.

5.16.1 Patrones de búsqueda

Los patrones de búsqueda son caracteres u operaciones que nos permiten la manipulación avanzada de un texto. Estos patrones son:

- **Caracter punto (.)**.- Representa cualquier carácter excepto un salto de línea. Por ejemplo la expresión regular "a.t" concuerda con antiguo, antecesor, actualizar, etc.
- **[ ]**.- Permite definir un rango de caracteres. Ejemplos: [a d b], [a - u]
- **^**.- Niega el conjunto de caracteres. Ejemplos: [^a d b], [^a - u], ^F
- **$**.- Verifica que acabe con un carácter definido. Ejemplos: a$, mx$
- **?**.- Verifica que un carácter esté presente una vez o ninguna. Ejemplo: 2?

- **|**.- Representa el operador "o" y permite definir entre una u otra. Ejemplo: a | b
- **( )**.- Permite agrupar patrones. Ejemplo: (mx)?

Existen otro tipo de patrones conocidos como **patrones multiplicadores**. Estos son:

- **{ }**.- Expresa un rango de repeticiones para un carácter. Ejemplos:
  - A{2, 5} .- Verifica que la "A" se repita entre 2 y 5 veces
  - a{3} .- Verifica que la "a" se repita 3 veces
  - w{2, } .- Verifica que el carácter "w" se repita mínimo 2 veces
- *****.- Verifica que un carácter se repita cero o más veces. Ejemplo: z*
- **+**.- Verifica que un carácter exista al menos una vez. Ejemplo: z+

También es posible usar otro tipo de caracteres llamados **caracteres especiales**, Estos son:

- **\w (minúscula)**.- Representa cualquier palabra.
- **\W (mayúscula)**.- Representa cualquier caracter que no sea palabra.
- **\d**.- Representa cualquier dígito.
- **\D**.- Representa cualquier caracter que no sea un dígito.

5.16.2 Objeto Regex

Este objeto es el encargado de representar una expresión regular. Recibe como parámetro la expresión regulara a ser usada. Su sintaxis es:

let regex = new Regex([String Expresión Regular])

Ejemplo 5.21:

```
//Expresión regular usada para buscar palabras
let regex = new Regex(@"\w+")
```

5.16.3 Objeto Match

La función principal de este objeto es definir la cadena sobre la cual se va a aplicar la expresión regular. Este objeto requiere de la creación previa de un objeto Regex. Su sintaxis es:

let mutable mch = regex.Match([Dato String])

Ejemplo 5.22:

```
let mutable mch = regex.Match("Anita lava la tina")
```

5.16.4 Propiedad Success

Esta propiedad perteneciente a un objeto de tipo Match nos permite identificar si se cumple o no una expresión regular; es decir, si existen coincidencias en la cadena de búsqueda con los caracteres buscados a través de la expresión regular.

Ejemplo 5.23:

```
//Expresión regular usada para buscar palabras
let regex = new Regex(@"\w+")
(*Relacionar la expresión regular con la cadena de texto sobre la
cual se va a aplicar*)
let mutable mch = regex.Match("Anita lava la tina")

printfn "Hay coincidencias con la expresión regular?: %b"
mch.Success
```

5.16.5 Método NextMach

Este método devuelve un objeto de tipo Match con el resultado de la siguiente coincidencia con la expresión regular, empezando en la posición donde finalizó la última coincidencia.

Ejemplo 5.24:

```
//Mientras existan coincidencias con la expresión regular
while mch.Success
    do
    printfn "%s" mch.Value
    //Moverse a la siguiente coincidencia con la expresión regular
    mch <- mch.NextMatch()
done
```

5.16.6 Método IsMatch

Este método representa una alternativa al objeto Match ya que no necesita ser creado como un objeto puesto que trabaja como un método de la clase Regex. Su sintaxis es:

Regex.IsMatch([String Cadena], [String Expresión Regular])

Ejemplo 5.25:

```fsharp
(*Método que determina si una cadena contiene coincidencias con
una expresión regular*)
let Contiene cadena er =
    let mutable b = false

    b <- Regex.IsMatch(cadena, er)

    b

let txt = "Anita lava la tina"
let re = @"\w+"

let b = Contiene txt re
printfn "La frace: \"%s\" contiene palabras?: %b" txt b
```

5.17 Ejercicios resueltos

Ejercicio 1: Ordenar números.

```fsharp
open System

[<EntryPoint>]
let main argv =

    printf "Introduce números del 0 al 9 sin repetir y en
desorden:"
    let mutable str = Console.ReadLine()
    let mutable pos = 0

    //Ordenar los números introducidos
    for i in 0..9
        do
        //Si contiene el número referenciado por el for
        if str.Contains(i.ToString())
        then
            //Eliminar el número del String
            str <- str.Replace(i.ToString(), "")
            //Insertarlo en su posición correspondiente
            str <- str.Insert(pos, i.ToString())
            //Actualizar la posición
            pos <- pos + 1
    done
```

```fsharp
    printfn "Los números ordenados son:"
    printfn "%s" str

    Console.ReadKey() |> ignore
    0
```

Ejercicio 2: Hacer un programa que reciba un String por teclado y lo despliegue en diagonal.

```fsharp
open System

[<EntryPoint>]
let main argv =

    printf "Introduce una oración: "
    let str = Console.ReadLine()

    let longitud = str.Length

    for i in 0..(longitud - 1)
        do
        //For usado para escribir en diagonal
        for j in 1..i
            do
            printf " "//Imprimir un espacio en blanco
        done

        //Obtener el caracter a escribir
        let substr = str.Substring(i, 1)


        //Escribir el caracter
        printf "%s" substr

        //Imprimir un salto de línea
        printfn ""
    done

    Console.ReadKey() |> ignore
    0
```

Ejercicio 3: Hacer un programa que implemente el siguiente menú:

Opciones:

Ver mensaje (m)
Salir (s)

```fsharp
open System

[<EntryPoint>]
let main argv =

    let mutable opc = "";

    //Mientras opc sea distinto de "s"
    while opc <> "s"
        do
        Console.Clear()//Limpiar la pantalla

        //Opciones del menú
        printfn "Opciones:"
        printfn "Ver mensaje (m)"
        printfn "Salir (s)"

        //Guardar la opción del menú que se seleccionó
        opc <- Console.ReadLine()
        //Convertir a minúscula
        opc <- opc.ToLower()

        //Acciones a realizar por cada opción del menú
        if opc = "m"
        then
            Console.Clear()//Limpiar la pantalla
            printfn "Hola mundo!"
            printfn "Presione una tecla para continuar"
            Console.ReadKey() |> ignore
        elif opc = "s"
        then
            Console.Clear()//Limpiar la pantalla
        else
            Console.Clear()//Limpiar la pantalla
            printfn "Opción no válida.\n"
            printfn "Presione una tecla para continuar"
            opc <- ""
            Console.ReadKey() |> ignore
    done

    0
```

Ejercicio 4: Contador de palabras.

```fsharp
open System
open System.Text.RegularExpressions

[<EntryPoint>]
let main argv =
    printf "Introduce una oración: "
    let oración = Console.ReadLine()

    let mutable cont = 0

    let regex = new Regex(@"\w+")
    let mutable mch = regex.Match(oración)

    while mch.Success
        do
        cont <- cont + 1//Contar la palabra
        mch <- mch.NextMatch()
    done

    printfn "La oración \"%s\" contien %d palabras" oración cont

    Console.ReadKey() |> ignore
    0
```

Ejercicio 5: Buscador de caracteres

```fsharp
open System
open System.Text.RegularExpressions

let Contiene txt re =
    let mutable b = false

    b <- Regex.IsMatch(txt, re)

    b

[<EntryPoint>]
let main argv =
    let txt = "supercalifragilisticoespialidoso"
    let mutable b = false
    let mutable str = ""
```

```
printfn "%s" txt
printfn ""

b <- Contiene txt "espia"
str <- String.Format("{0} tien {1}: {2}", txt, "espia", b)
printfn "%s" str

b <- Contiene txt "asesino"
str <- String.Format("{0} tiene {1}: {2}", txt, "asesino", b)
printfn "%s" str

Console.ReadKey() |> ignore
0
```

5.18 Ejercicios propuestos

Ejercicio 1: Modificar el ejercicio 2 de la sección ejercicios resueltos para que en vez de hacer uso de Substring utilice el String como un vector de caracteres.

Ejercicio 2: Hacer un programa que busque y despliegue todos los números contenidos en una oración introducida por el usuario.

Ejercicio 3: Hacer un programa que cuente cuantas veces sale una palabra en una oración introducida por el usuario y despliegue al final la palabra que salió más junto con las veces que salió.

Ejercicio 4: redefinir todos los ejercicios de la sección ejercicios resueltos para que no hagan uso del método main.

Capítulo 6: Programación orientada a objetos; clases, estructuras e interfaces

En este capítulo todos los ejercicios harán uso del método main para que se puedan distinguir las clases, estructuras y/o interfaces del código principla de la aplicación. Es importante no olvidar que F# nos permite omitir el método main debido a que es un lenguaje funcional.

6.1 Clases

Una clase es un tipo de dato definido por el usuario que describe los atributos, propiedades y métodos de los objetos creados a partir de la misma. Una clase no es otra cosa mas que la representación en código de cualquier objeto que existe o puede existir en el mundo real.

6.1.1 Definición de una clase

La definición de una clase consta de dos partes: el nombre de la clase precedido por la palabra reservada **type** y el cuerpo de la clase. Su sintaxis es:

type [Nombre de la clase]([Parámetros del constructor]) =
**   //Cuerpo de la clase**

6.1.2 Atributos

Los atributos o campos constituyen la estructura interna de los objetos de una clase. Dicho de otra forma, son variables globales dentro de una clase. En el ejemplo 6.1 se aprecia claramente la declaración de atributos de la clase.

Ejemplo 6.1

```
//Definición de una clase
type Persona(nombre : string, edad : int) =
    //Declaración de atributos y asignación de sus valores
    let mutable nom = nombre
    let mutable ed = edad
```

6.1.3 Constructores

Los constructores son un tipo de método especial el cual nos permite crear un objeto de una clase determinada. En F# el constructor se define al momento de crear una clase. Analizando el ejemplo 6.1 vemos que **la clase persona recibe por parámetros dos datos**: nombre de tipo string y edad de tipo entero, **estos datos agrupados entre paréntesis conforman el constructor principal de la clase**. Por lo general se declara un atributo por cada parámetro que recibe el constructor principal de la clase para que los datos que son pasados como parámetros de la clase puedan ser usados dentro de ésta. Así, continuando con al análisis del ejemplo 6.1 observamos que al atributo "nom" se le asigna el valor del parámetro "nombre" mientras que al atributo "ed" se le asigna el valor del parámetro del constructor "edad".

F# permite la sobrecarga de constructores, es decir que podemos definir más de un constructor para nuestra clase. Es muy importante saber definir cuál va a ser nuestro constructor principal de la clase ya que los constructores secundarios hacen uso del constructor principal. **El constructor principal siempre debe de ser aquél que posea todos los atributos a recibir**. Para declara constructores secundarios se hace uso de la palabra reservada **new**.

Ejemplo 6.2

```fsharp
//Definición de una clase
type Persona(nombre : string, edad : int) =
    (*Declaración de atributos y asignación de sus valores a través del constructor*)
    let mutable nom = nombre
    let mutable ed = edad

    //DECLARACIÓN DE CONSTRUCTORES SECUNDARIOS
    new(nombre : string) = new Persona(nombre, 0)(*Constructor con parámetro nombre*)
    new(edad : int) = new Persona(null, edad)(*Constructor con parámetro edad*)
    new() = new Persona(null, 0)//Constructor sin parámetros
```


En el ejemplo 6.2 observamos que se han definido tres constructores secundarios: uno que sólo recibe el parámetro "nombre", otro que sólo recibe el parámetro "edad" y un constructor sin parámetros. Todos los constructores secundarios hacen uso del constructor principal de la clase (Persona) al cual se la pasan los parámetros del constructor secundario. Los parámetros de los cuales no hace uso el constructor secundario deben de ser asignados en al constructor principal de manera manual (por ejemplo para los tipos de datos numéricos inicializarlos en 0, los datos tipo string inicializarlos en " " o en null). Se aprecia que el constructor sin parámetros **new ( )** inicializa de manera manual todos los parámetros del constructor principal   **new Persona(null, 0)**. Cabe destacar que F# permite omitir el opredor new al momento de crar un objeto de un constructor secundario. En el ejemplo 6.3 se aprecia la creación de constructores secundarios omitiendo el operador new.

Ejemplo 6.3

```
//Definición de una clase
type Persona(nombre : string, edad : int) =
    (*Declaración de atributos y asignación de sus valores a
través del constructor*)
    let mutable nom = nombre
    let mutable ed = edad

    //DECLARACIÓN DE CONSTRUCTORES SECUNDARIOS
    new(nombre : string) = Persona(nombre, 0)(*Constructor con
parámetro nombre*)
    new(edad : int) = Persona(null, edad)(*Constructor con
parámetro edad*)
    new() = Persona(null, 0)//Constructor sin parámetros
```

6.1.4 Métodos o funciones

Los métodos forman el medio de acceso a la estructura interna de los objetos. Los métodos definen las operaciones o acciones a realizar con los atributos de la clase. Los métodos se definen con la siguiente sintaxis:

member [public | private | internal] this.NombreMétodo([Parámetros]) =
        //Acciona a realizar por el método

Ejemplo 6.4

```
//Definición de una clase
type Persona(nombre : string, edad : int) =
    (*Declaración de atributos y asignación de sus valores a
través del constructor*)
    let mutable nom = nombre
    let mutable ed = edad

    //DECLARACIÓN DE CONSTRUCTORES SECUNDARIOS
    new(nombre : string) = Persona(nombre, 0)(*Constructor con
parámetro nombre*)
    new(edad : int) = Persona(null, edad)(*Constructor con
parámetro edad*)
    new() = Persona(null, 0)//Constructor sin parámetros

    //DECLARACIÓN DE MÉTODOS
    member public this.EdadEn10Años() =
        let ne = ed + 10//Calcular la edad en 10 años
```

```fsharp
        ne//Retornar ne

    member public this.ObtenerNombre() =
        nom//Retornar el atributo nom

    member public this.Msg(mensaje) =
        //Mostrar un mensaje en la pantalla
        printfn "%s" (mensaje.ToString())
```

6.1.5 Propiedades

Una propiedad es un miembro de una clase usado para asignar o acceder al valor de un atributo. Dicho de otra forma, una propiedad es un tipo de método especial con descriptores de acceso (get y set) y un parámetro implícito (value). Su sintaxis es:

member public this.NombrePropiedad
    with get() =
        //Valor a retornar
    and set(value) =
        //Asignación de valor

La palabra reservada **get** obtiene y retorna el valor de un atributo mientras que la palabra reservada **set** establece el valor de un atributo mediante la palabra reservada **value**.

Ejemplo 6.5

```fsharp
//Definición de una clase
type Persona(nombre : string, edad : int) =
    (*Declaración de atributos y asignación de sus valores a
través del constructor*)
    let mutable nom = nombre
    let mutable ed = edad

    //DECLARACIÓN DE CONSTRUCTORES SECUNDARIOS
    new(nombre : string) = Persona(nombre, 0)(*Constructor con
parámetro nombre*(
    new(edad : int) = Persona(null, edad)(*Constructor con
parámetro edad*)
    new() = Persona(null, 0)//Constructor sin parámetros

    //DECLARACIÓN DE MÉTODOS
    member public this.EdadEn10Años() =
```

```fsharp
        let ne = ed + 10//Calcular la edad en 10 años
        ne//Retornar ne

    member public this.ObtenerNombre() =
        nom//Retornar el atributo nom

    member public this.Msg(mensaje) =
        //Mostra un mensaje en la pantalla
        printfn "%s" (mensaje.ToString())

    //DECLARACIÓN DE PROPIEDADES
    member public this.Edad
        with get() =
            ed//Retornar el atributo ed
        and set(value) =
            ed <- value//establecer el valor del atributo ed

    member public this.Nombre
        with get() =
            nom//Retornar el atributo ed
        and set(value) =
            nom <- value//establecer el valor del atributo nom
//Fin de la clase definida
```

6.2 Control de acceso a los miembros de una clase.

Para controlar el acceso a los miembros de una clase F# proporciona los modificadores de acceso. Dichos modificadores de acceso son público, privado e interno.

6.2.1 Acceso público.

Se declara con la palabra reservada **public**. Los miembros de una clase declarados como públicos pueden ser accedidos por un objeto de la clase en cualquier parte en donde el objeto sea accesible.

Ejemplo 6.6

```fsharp
member public this.Msg(mensaje) =
    //Mostra un mensaje en la pantalla
    printfn "%s" (mensaje.ToString())
```

6.2.2 Acceso privado.

Se declara con la palabra reservada **private**. Los miembros de una clase declarados como private solamente son accedidos dentro de su clase.

Ejemplo 6.7

```
member private this.AccederEdad() =
    ed//Retornar la edad


member public this.ObtenerEdad() =
    this.AccederEdad()//llamada al método privado
```

6.2.3 Acceso interno.

Se declara con la palabra reservada **internal**. Los miembros de una clase declarados como internal pueden ser accedidos por un objeto de la clase en cualquier parte de la aplicación actual (dentro del archivo del mismo ensamblado o del mismo paquete).

Ejemplo 6.8

```
//Definición de una clase interna
type internal Persona(nombre : string, edad : int) =
    //Declaración de atributos y asignación de sus valores
    let mutable nom = nombre
    let mutable ed = edad

    //...
```

6.3 Creación de objetos y la implementación de una clase.

Para implementar una clase es necesario crear un objeto de dicha clase. Para esto se hacen uso de los constructores de la clase los cuales nos permiten crear un objeto de una clase. La sintaxis para crear un objeto de una clase es:

let NombreObjetoClase = new ConstructorClase([Parámetros])

Ejemplo 6.9

```fsharp
//Creación de los objetos de la clase persona
let objPersona = new Persona("José", 23)
let objPersona2 = new Persona(12)
let objPersona3 = new Persona("Juan")
let objPersona4 = new Persona()
```

Una vez creado el objeto de una clase se puede acceder a los miembros de la clase a través de un punto.

Ejemplo 6.10

```fsharp
[<EntryPoint>]
let main(args : string[]) =

    //Creación del objeto de la clase persona
    let objPersona = new Persona()

    //Asignación de propiedades
    objPersona.Nombre <- "Juan"
    objPersona.Edad <- 25

    //Acceso a los métodos
    objPersona.Msg("Hola mundo")
    let futuraEdad = objPersona.EdadEn10Años()
    let mutable Nombre = objPersona.ObtenerNombre()
    let mutable Edad = objPersona.ObtenerEdad()

    printfn "Su edad en 10 años será %d" futuraEdad
    printfn "Su nombre es %s" Nombre
    printfn "Su edad es %d" Edad

    printfn ""//Imprimir un salto de línea

    //Modificación de las propiedades
    objPersona.Nombre <- "Luisa"
    objPersona.Edad <- 23

    //Acceso a las propiedades
    Nombre <- objPersona.Nombre
    Edad <- objPersona.Edad

    printfn "Su nombre es %s" Nombre
    printfn "Su edad es %d" Edad
```

```
Console.ReadKey() |> ignore
0
```

6.4 Estructuras

Una estructura nos permite definir nuestros propios tipos de datos. Una estructura hace uso de las palabras recervadas **type** y **struct**. Su sintaxis es la siguiente:

type [NombreEstructura] =
  struct
    val mutable [variable] : [tipo de dato]
  end

Ejemplo 6.11

```
//Definición de la estructura Punto
type Punto =
    struct
        val mutable X : float
        val mutable Y: float
    end
```

Una vez definida la estructura se procede a crear un objeto de la estructura para pode trabajar con esta.

Ejemplo 6.12

```
[<EntryPoint>]
let main(args : string[]) =
    //Creación de un objeto de la estructura Punto
    let mutable punto = new Punto()

    //Asignación de los valores del Punto
    punto.X <- 1.0
    punto.Y <- 2.0

    //Acceso a los valores del Punto
    printfn "(%f, %f)" punto.X punto.Y

    Console.ReadKey() |> ignore
    0
```

6.5 Herencia

La herencia es el mecanismo de la programación orientada a objetos que nos permite definir clases bases y sus derivadas. Las **clases derivadas o subclases** son clases que heredan a una clase superior llamada **clase base o superclase**. Esta relación se representa de forma gráfica a través de un árbol jerárquico siendo las raíces de cada nodo las clases bases y los hijos las clases derivadas.

Ejemplo 6.13

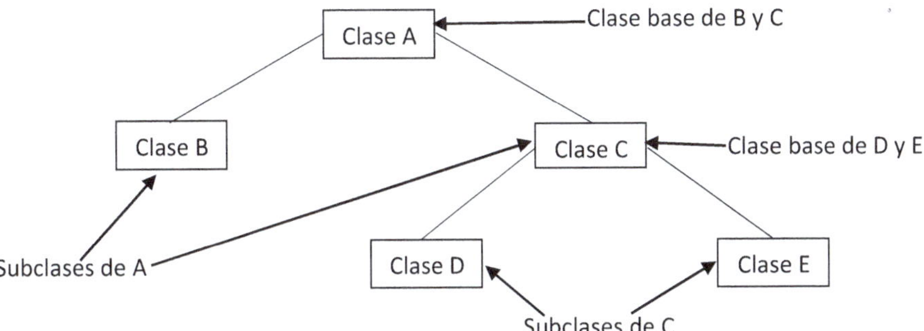

En el ejemplo 6.13 se puede decir que las clases "D" y "E" heredan a la clase "C"; las clases "B" y "C" heredan a la clase "A".

La herencia entre clases se lleva a cabo con la palabra reservada **inherit** seguido del constructor de la clase que se hereda.

Ejemplo 6.14

```
//Clase Punto2D
type Punto2D(X : float, Y : float) =
    //Atributos
    let mutable x = X
    let mutable y = Y

    //Declaración de los métodos
    member private this.ObtenerX() =
        x

    member this.ObtenerY() =
        y
```

```fsharp
    //Propiedades de la clase
    member this.X
        with get() =
            x
        and set(value) =
            x <- value

    member this.Y
        with get() =
            y
        and set(value) =
            y <- value


//Clase Punto3D que hereda a la clase Punto2D
type Punto3D(X : float, Y : float, Z : float) =
    inherit Punto2D(X, Y)//Herencia a la clase Punto2D

    //Atributos
    let mutable z = Z

    //Propiedades de la clase
    member this.Z
        with get() =
            z
        and set(value) =
            z <- value
```

Una vez definida la clase base o superclase y su clase derivada o subclase se procede a crear un objeto de la clase derivada la cual por herencia tiene acceso a la superclase. Como se aprecia en el ejemplo 6.14 la clase Punto3D sólo define el atributo y la propiedad para la coordenada "Z", los atributos y las propiedades de las coordenadas "X" y "Y" no se definen dentro de la clase Punto3D puesto que ya se han definido en la clase Punto2D y por herencia éstas pasan a formar parte de la clase Punto3D.

Ejemplo 6.15

```fsharp
[<EntryPoint>]
let main(args : string[]) =

    //Creación del objeto Punto3D
    let p3d = new Punto3D(1.0, 2.0, 3.0)
```

```fsharp
    printfn "(%f, %f, %f)" p3d.X p3d.Y p3d.Z

    Console.ReadKey() |> ignore
    0
```

El constructor de la clase heredada (la superclase) es llamado al mismo tiempo en que se llama al constructor de la clase derivada. En el ejemplo 6.15 se aprecia que en ningún momento hacemos una llamada al constructor de la clase heredada sino que únicamente se hace una llamada al constructor de la clase derivada (**new Punto3D(1.0, 2.0, 3.0)**). En el ejemplo 6.13 se aprecia con claridad que en la clase derivada al momento de hacer la herencia se procede a llamar al constructor de la clase heredada (superclase) con la palabra reservada inherit seguida del constructor de la clase heredada Punto2d(X, Y). Se observa que los parámetros "X" y "Y" pasadas al constructor de la clase heredada forman parte del constructor de la clase derivada (Punto3D).

6.5.1 Elementos de una clase que se heredan

Al definir una clase los modificadores de acceso más usados comúnmente son **public** (público) y **private** (privado). En la herencia, la clase derivada hereda todo lo que se ha declarado como público en la clase base para poder ser usados dentro de la clase derivada. Si se emite el colocar un modificador de acceso a un elemento de la clase éstas serán consideradas como públicas.

Ejemplo 6.16

```fsharp
open System

//SUPERCLASE
type SuperClase() =
    //Atributo de la clase
    let mutable variable = 0

    //Método público
    member public this.Mensaje() =
        //Imprimir un mensaje
        printfn "%s" "Hola mundo!"

    //Método privado
    member private this.Aleatorio() =
        let rnd = new Random()
        let n = rnd.Next()
        n//Retornar n
```

```fsharp
    (*Propiedad que por omisión del modificador es considerada
pública*)
    member this.Variable
        with get() =
            variable
        and set(value) =
            variable <- value


//CLASE DERIVADA
type ClaseDerivada() =
    inherit SuperClase()//Herencia a SuperClase

    member this.Sumar(a, b) =
        let sum = a + b//Hacer la suma
        sum//Retornar la suma


[<EntryPoint>]
let main(args : string[]) =

    let objClaseDerivada = new ClaseDerivada()

    //llamada al método mensaje que se heredó de la superclase
    objClaseDerivada.Mensaje()
    //Acceso a la propiedad Variable que se heredó de la
superclase
    let v = objClaseDerivada.Variable
    //Accesos al método Sumar de la clase derivada
    let suma = objClaseDerivada.Sumar(2, 4)

    Console.ReadKey() |> ignore
    0
```

6.5.2 Miembros con el mismo nombre en ambas clases. Referencias a la clase
base y derivada

Cuando la clase base y la clase derivada contienen miembros (tales como
métodos y/o propiedades) definidos con el mismo nombre surge la confusión de
cómo asignar los valores a sus respectivos atributos o cómo trabajar con los
miembros del mismo nombre para evitar un uso erróneo de los datos. Para esto se
debe de hacer uso de referencias a la clase base y a la clase derivada.

Ejemplo 6.17

```fsharp
open System
```

```fsharp
//Definición de la clase base, superior o superclase
type ClaseA() =
    let mutable a = 1.5

    //Propiedad con el mismo nombre en ambas clases
    member public this.A
        with get() =
            a

//Definición de la clase derivada o subclase
type ClaseB() as self =
    inherit ClaseA()

    let mutable a = true

    member public this.ObtenerA_ClaseBase() =
        base.A//Retornar 1.5

    member public this.ObtenerA_ClaseDerivada() =
        self.A//Retornar true

    //Propiedad con el mismo nombre en ambas clases
    member private this.A
        with get() =
            a

[<EntryPoint>]
let main argv =
    let obj = new ClaseB()

    let a1 = obj.ObtenerA_ClaseBase()
    let a2 = obj.ObtenerA_ClaseDerivada()

    printfn "Valor de A en la clase base: %A" a1
    printfn "Valor de A en la clase derivada: %A" a2

    Console.ReadKey() |> ignore
    0
```

En el ejemplo 6.17 se aprecia que tanto en la superclase como en la clase derivada existe una propiedad con el mismo nombre (A) la cual en la superclase trabaja con un tipo de dato doublé y en la clase derivada trabaja con un tipo de dato booleano. Para poder distinguir entre ambos miembros de las clases de hace uso de las **referencias base y self** dentro de la clase derivada. La referencia base hace referencia a los miembros de la superclase o clase base mientras que la referencias self la cual fue puesta a través de la palabra reservada **as** hace referencia a los miembros de la clase derivada.

6.5.3 Constructores de la clase derivada

Cuando la clase base y la clase derivada tiene definidos constructores lo correcto es llamar al constructor de la clase base o superclase al mismo tiempo en que se llama al constructor de la clase derivada. Esto se hace con el operador de herencia (inherit) y el constructor de la clase derivada.

Ejemplo 6.18

```
open System

//SUPERCLASE
type ClaseA(A : int, B : int) =
    let mutable a = A
    let mutable b = B

    //...

//CLASE DERIVADA
type ClaseB(A : int, B : int, C : int) =
    inherit ClaseA(A, B)//llamada al constructor de ClaseA

    let mutable a = A
    let mutable b = B
    let mutable c = C

    //...
```


En el ejemplo 6.18 el constructor de la clase ClaseB recibe sus parámetros y éstos son pasados como parámetros al constructor de la clase ClaseA a través de la expresión **inherit**.

Si el constructor de la clase base no recibe parámetros no se le ponen.

Ejemplo 6.19

```
open System

//SUPERCLASE
type ClaseA() =
```

```
    let mutable a = 0
    let mutable b = 0

    //...

//CLASE DERIVADA
type ClaseB(A : int, B : int, C : int) =
    inherit ClaseA()//llamada al constructor de ClaseA

    let mutable a = A
    let mutable b = B
    let mutable c = C

    //...
```

6.5.4 Objetos de la clase derivada.

Como la clase derivada hereda a la clase base no es necesario crear un objeto de ambas clases sino únicamente un objeto de la clase derivada el cual accederá a ambas clases (clase derivada y clase base).

Ejemplo 6.20

```
let obj = new ClaseB(1, 2, 3)
```

6.5.5 Redefinición de métodos: abstracción.

Un método abstracto es un método de la clase base declarado con la palabra reservada **abstract** que puede ser redefinido en una clase derivada a través de la palabra reservada **override**. La sintaxis de definición de un método abstracto es la siguiente:

abstract member NombreMétodo(Parámetros) -> TipoDatoRetornar

La superclase debe de contener una definición del método abstracto propia de la clase; es decir, se debe de definir qué es lo que va a hacer un método abstracto dentro de la clase que lo contiene (la superclase). Esto de hace a través de la palabra reservada **default** seguido de la definición del método. La sintaxis de la definición de un método en la clase que lo contiene es la siguiente:

default u.NombreMetodo([Parámetros]) =
    //Accion a realizar

La sintaxis de la redefinición de un método en la clase derivada es la siguiente:

override u.NombreMétodo(Parámetros) =
//Acción a realizar por el método

Es importante resaltar que los métodos que van a ser redefinidos en una clase derivada deben de manejar los parámetros que recibe en forma de una matriz en caso de que reciban más de un parámetro.

Ejemplo 6.21

```
open System

//SUPERCLASE
type FiguraGeometrica() =
    (*Declaración del método que puede ser redefinido en la clase
derivada*)
    abstract member Area : float[] -> float

    //Definición de lo que va a hacer el método en esta clase
    default u.Area(a) =
        let mutable S = 0.0
        let mutable raíz = 0.0

        //Calcular el perímetro
        for i in 0..2
            do
            S <- S + a.[i]
        done

        //Calcular el semiperímetro
        S <- S / 2.0

        raíz <- S

        //Calcular el área con la fórmula del semiperímetro
        for i in 0..2
            do
            raíz <- raíz * (S - a.[i])
        done

        //Clacular el área
        let area = Math.Sqrt(raíz)

        area//Retornar el área
```

```fsharp
//CLASE DERIVADA
type Triangulo() =
    inherit FiguraGeometrica()//Heredar a FiguraGeometrica

    //Redefinición del método Área de la superclase
    override u.Area(a) =
        //área = (base x altura) / 2
        let area = (a.[0] * a.[1]) / 2.0
        area//Retornar el área

[<EntryPoint>]
let main(args : string[]) =
    let lados = [|3.0; 4.0; 5.0|]

    printfn "Área de un triángulo rectángulo"
    printfn "Base: 3"
    printfn "Altura: 4"
    printfn "Hipotenusa: 5\n"

    let fg = new FiguraGeometrica()
    let mutable area = fg.Area(lados)
    printfn "Área con semiperímetro: %f" area

    let t = new Triangulo()
    area <- t.Area(lados)
    printfn "Área con (base x altura) / 2: %f" area

    Console.ReadKey() |> ignore
    0
```

En el ejemplo 6.21 se aprecia que la superclase contiene la declaración de un método que va quede ser redefinido en una clase derivada (**abstract member Area : float[ ] -> float**). Una vez declarado el método a ser redefinido se procede a definir qué es lo que va a hacer dicho método dentro de la clase que lo contiene (**default u.Ares(a)**), en este caso se define que se calcule el área haciendo uso del semiperímetro. En la clase derivada Triangulo la cual hereda a la superclase FiguraGeometrica se redefine el método de la superclase Area (**override u.Area(a)**), en este caso se redefine el método para que calcule el área haciendo uso de la fórmula de base por altura sobre dos.

También es posible definir los parámetros que va a recibir una función. La sintaxis de la definición de un método abstracto en la clase que lo contiene es la siguiente:

default member NombreMétodo : Tipo1 * Tipo2 * ... * TipoN -> TipoDatoRetornar

Ejemplo 6.22

```fsharp
open System

//SUPERCLASE
type Clase1() =
    (*Declaración del método que puede ser redefinido en la clase
derivada que recibe por parámetros un string y dos enteros y no
retorna nada*)
    abstract member Operacion : string * int * int -> unit

    //Definicion de lo que va a hacer el método en esta clase
    default u.Operacion(operación, a, b) =
        let sum = a + b
        printfn "%s" operación
        printfn "%d + %d = %d" a b sum

//CLASE DERIVADA
type Clase2() =
    inherit Clase1()

    //Redefinicion del método Area de la superclase
    override u.Operacion(operación, a, b) =
        let mul = a * b
        printfn "%s" operación
        printfn "%d x %d = %d" a b mul

[<EntryPoint>]
let main(args : string[]) =
    let n1, n2 = 3, 5

    let mutable obj =  new Clase1()
    let ope = obj.Operacion("Suma", n1, n2)
    printfn ""

    obj <- new Clase2()
    let ope = obj.Operacion("Multiplicación", n1, n2)

    Console.ReadKey() |> ignore
    0
```

Si solo recibe un parámetro no es necesario definir una matriz de parámetro sino simplemente el tipo de dato del único parámetro a recibir

También es posible redefinir el método ToString de .NET.

Ejemplo 6.23

```fsharp
open System

type Punto2D(X : float, Y : float) =
    //...

    //Redefinición del método ToString
    override this.ToString() =
        "(" + X.ToString() + ", " + Y.ToString() + ")"

    //...
```

En el ejemplo 6.23 podemos apreciar cómo es que se ha redefinido el método ToString() para que retorne un string con las coordenadas del punto.

6.6 Interfaces.

Una interfaz es un medio que permite interactuar a objetos no relacionados entre sí. Una interfaz declara métodos los cuales van a ser definidos dentro de la clase que implementa la interfaz. La diferencia principal entre una clase y una interfaz es que una clase se hereda y una interfaz se implementa.

6.6.1 Definición de una interfaz

Una interfaz se define con la palabra reservada **type** y en su cuerpo sólo se declaran los métodos mas no sus definiciones. Los métodos que forman parte de la interfaz se declaran con las palabras reservadas **abstract member** seguida del nombre de la interfaz. Su sintaxis es:

type [Nombre de la interfaz] =
**   abstract member [Nombre del método] : [Matriz parámetro del método]**
-> [Tipo de dato a retornar]

Ejemplo 6.24

```fsharp
type IOperaciones =
    abstract member Suma : int[] -> float
```

En el ejemplo 6.24 se define la interfaz IOperaciones la cual contiene el método Suma que recibe por parámetro una matriz de tipo entero y retorna un dato de tipo flotante.

Si el método no recibe ningún parámetro en ligar de una matriz especificamos el tipo de dato unit.

Ejemplo 6.25

```fsharp
type IAleatorio =
    abstract member Aleatorio : unit -> float
```

Si el método no retorna ningún tipo de dato en el lugar en donde especificamos el tipo de dato a retornar ponemos unit.

Ejemplo 6.26

```fsharp
type IEscribir =
    abstract member Mensaje : string[] -> unit
```

Si el método no retorna ningún tipo de dato y no recibe ningún parámetro en el lugar en donde especificamos el tipo de dato a retornar y la matriz de parámetro ponemos unit.

Ejemplo 6.27

```fsharp
type IMensaje =
    abstract member Msg : unit -> unit
```

6.6.2 Implementación de una interfaz.

Una interfaz se debe de implementar dentro de una clase en la cual se van a definir los métodos de la interfaz que implementa la clase. Para implementar una interfaz dentro de una clase se hace uso de la palabra reservada **interface** seguida del nombre de la interfaz a implementar y la definición de los métodos.

Ejemplo 6.28

```fsharp
open System

//DEFINICIÓN DE LA INTERFACE
type IMensaje =
    abstract member Msg : unit -> unit


//DEFINICIÓN DE LA CLASE QUE IMPLEMENTA LA INTERFACE
type Clase1() =
    //Implementar la interfaz IMensaje
    interface IMensaje with
        //Definición de los métodos de la interfaz IMensaje
        member this.Msg() =
            printfn "Mensaje de la interfaz"

    //Definir qué método hace referencia al método de la interfaz
    member this.Msg() = (this :> IMensaje).Msg()

[<EntryPoint>]
let main(args : string[]) =

    let obj = new Clase1()
    obj.Msg()

    Console.ReadKey() |> ignore
    0
```

En el ejemplo 6.28 se define la interfaz IMensaje la cual se implementa en la clase
Clase1. En la implementación de la interfaz, la palabra reservada **with** nos permite
definir los métodos de la interfaz implementada. Posteriormente se define qué
método de la clase hace referencia a un método de la interfaz (**member
this.Msg() = (this :> IMensaje).Msg()**).

Una clase puede implementar más de una interfaz. Para implementar múltiples
interfaces en una clase se procede de la misma manera que para implementar una
interfaz.

Ejemplo 6.29

```fsharp
open System
```

```fsharp
//DEFINICIÓN DE LAS INTERFACES
type IAleatorio =
    abstract member Aleatorio : unit -> float

type IEscribir =
    abstract member Mensaje : string[] -> unit

type IMensaje =
    abstract member Msg : unit -> unit

//DEFINICIÓN DE LA CLASE QUE IMPLEMENTA LAS INTERFACES
type Clase1() =
    //Implementar la interfaz IEscribir
    interface IEscribir with
        //Definición de los métodos de la interfaz IEscribir
        member this.Mensaje(msg) =
            printfn "%s" msg.[0]

    //Implementar la interfaz IMensaje
    interface IMensaje with
        //Definición de los métodos de la interfaz IMensaje
        member this.Msg() =
            printfn "Mensaje de la interfaz"

    //Implementar la interfaz IAleatorio
    interface IAleatorio with
        //Definición de los métodos de la interfaz IAleatorio
        member this.Aleatorio() =
            let rnd = new Random()
            let n = rnd.Next()
            (float)n//Retornar n

    (*Definir qué métodos hacen referencia a los métodos de las
interfaces*)
    member this.Mensaje(msg) = (this :> IEscribir).Mensaje(msg)
    member this.Msg() = (this :> IMensaje).Msg()
    member this.Aleatorio() = (this :> IAleatorio).Aleatorio()

[<EntryPoint>]
let main(args : string[]) =

    let obj = new Clase1()
    obj.Mensaje([|"Hola mundo!"|])
    let aleatorio = obj.Aleatorio()
    printfn "%f" aleatorio
```

```fsharp
    obj.Msg()

    Console.ReadKey() |> ignore
    0
```

6.6.3 Herencia entre interfaces.

Una interfaz puede heredar a otra interfaz haciendo uso de la palabra reservada **inherit**.

Ejemplo 6.30

```fsharp
open System

//DEFINICIÓN DE LAS INTERFACES
type IOperaciones =
    abstract member Suma : int[] -> float


type IMensaje =
    inherit IOperaciones//Heredar la interfaz IOperaciones

    abstract member Msg : unit -> unit

//DEFINICIÓN DE LA CLASE QUE IMPLEMENTA LAS INTERFACES
type Clase1() =
    //Implementar la interfaz IMensaje
    interface IMensaje with
        //Definir los métodos de la interfaz IMensaje
        member this.Msg() =
            printfn "Mensaje de la interfaz"

        member this.Suma(ar) =
            let s = ar.[0] + ar.[1]
            (float)s//Retornar s

    (*Definición qué métodos hacen referencia a los métodos de una
interfaz*)
    member this.Msg() = (this :> IMensaje).Msg()
    member this.Sumar(ar) = (this :> IMensaje).Suma(ar)

[<EntryPoint>]
let main(args : string[]) =

    let obj = new Clase1()
```

```fsharp
    obj.Msg()
    let sum = obj.Sumar([|1; 2|])
    printfn "%f" sum

    Console.ReadKey() |> ignore
    0
```

En el ejemplo 6.30 se observa cómo la interfaz IMensaje hereda a la interfaz IOperaciones. Dentro de la clase que implementa la interfaz únicamente se implementa la interfaz IMensaje que por herencia contiene los métodos de la interfaz IOperaciones por lo cual se deben de definir tanto los métodos de la interfaz IMensaje como los métodos de la interfaz IOperaciones.

Una interfaz (a diferencia de las clases) permite la herencia múltiple colocando un inherit por cada interfaz que hereda.

Ejemplo 6.31

```fsharp
open System

//DEFINICIÓN DE LAS INTERFACES
type IOperaciones =
    abstract member Suma : int[] -> float

type IAleatorio =
    abstract member Aleatorio : unit -> float

type IMensaje =
    inherit IOperaciones//Heredar la interfaz IOperaciones
    inherit IAleatorio//Heredar la interfaz IAleatorio

    abstract member Msg : unit -> unit

//DEFINICIÓN DE LA CLASE QUE IMPLEMENTA LAS INTERFACES
type Clase1() =
    //Implementar la interfaz IMensaje
    interface IMensaje with
        //Definir los métodos de la interfaz IMensaje
        member this.Msg() =
            printfn "Mensaje de la interfaz"

        member this.Suma(ar) =
            let s = ar.[0] + ar.[1]
            (float)s//Retornar s
```

```fsharp
    member this.Aleatorio() =
        let rnd = new Random()
        let n = rnd.Next()
        (float)n//Retornar n

    (*Definición qué métodos hacen referencia a los métodos de una
interfaz*)
    member this.Msg() = (this :> IMensaje).Msg()
    member this.Sumar(ar) = (this :> IMensaje).Suma(ar)
    member this.Aleatorio() = (this :> IMensaje).Aleatorio()

[<EntryPoint>]
let main(args : string[]) =

    let obj = new Clase1()

    let sum = obj.Sumar([|1; 2|])
    printfn "%f" sum

    let aleatorio = obj.Aleatorio()
    printfn "%f" aleatorio

    obj.Msg()

    Console.ReadKey() |> ignore
    0
```

6.7 Clases abstractas.

Las clases abstractas son clases que dejan algunos de sus miembros (métodos
y/o propiedades) sin implementar (únicamente declarados mas no implementados)
para que la clase derivada sea la que los implemente. Hay que recordar que la
palabra **abstract** (abstracción) se relaciona con la "redefinición de elementos" de
la superclase en la clase derivada. Una clase abstracta se define anteponiéndole a
la clase el atributo **[<AbstractClass>]**.

Ejemplo 6.32

```fsharp
[<AbstractClass>]
type FiguraGeometrica() =
    //...
```

La definición de los métodos abstractos se hace siguiendo la siguiente sintaxis:

abstract member [Nombre] : [Parametro a recibir] -> [Dato a retornar]

(Ver tema 6.5.5 de este capítulo)

Ejemplo 6.33

```
[<AbstractClass>]
type FiguraGeometrica() =
    //Definición de un método abstracto
    abstract member Mensaje : unit -> string
```

En la definición de un método declarado como abstracto dentro de una clase abstracta, la clase abstracta puede llevar o no la definición por default de dicho método.

Se pude hacer uso de una propiedad para definir métodos que retornan algún tipo de dato y que no reciben ningún parámetro. La sintaxis de definición de las propiedades es la siguiente:

abstract member [Nombre] : [Dato a retornar] with get

Ejemplo 6.34

```
[<AbstractClass>]
type FiguraGeometrica() =
    //Definición de una propiedad abstracta
    abstract member Area : float with get
```

Si la propiedad no retorna ningún tipo de dato se debe de colocar **unit** en la parte correspondiente al tipo de dato a retornar.

Ejemplo 6.35

```
[<AbstractClass>]
type FiguraGeometrica() =
    //Definición de una propiedad abstracta
    abstract member Area : float with get
    abstract member Nombre : unit with get
```

Una clase abstracta también puede contener miembros definidos dentro de ésta.

Ejemplo 6.36

```fsharp
//DEFINICIÓN DE LA CLASE ABSTRACTA (SUPERCLASE)
[<AbstractClass>]
type FiguraGeometrica() =
    //Definición de métodos abstractos
    abstract member Mensaje : unit -> string
    abstract member Aleatorio : unit -> int

    //Implementación por default del método Aleatorio
    default u.Aleatorio() =
        let rnd = new Random()
        let n = rnd.Next()
        n//Retornar n

    //Definición de una propiedad abstracta
    abstract member Area : float with get
    abstract member Perimetro : float with get
    abstract member Nombre : unit with get

    //Definición e implementación de un método no abstracto
    member this.ObtenerNombreDeLaClase() =
        "FiguraGeometrica"//Retornar el nombre de la clase
```

Para definir los métodos abstractos pertenecientes a una clase abstracta ésta debe de ser heredada en una clase que se va a convertir en su clase derivada.

Ejemplo 6.37

```fsharp
//CLASE DERIVADA
type Cuadrado(LongitudLado : float) =
    inherit FiguraGeometrica()//Herencia a la clase abstracta

    //Atributo de la clase
    let mutable LongLado = LongitudLado

    //Definición de los elementos abstractos de la superclase
    override this.Area =
        let area = LongLado * LongLado
```

```fsharp
        area

    override this.Perimetro =
        let perimetro = LongLado * 4.0
        perimetro

    override this.Nombre =
        printfn "Cuadrado"

    override this.Mensaje() =
        "Hola mundo"
```

Una vez definidas las clases base (clase abstracta) y su derivada se procede a crear un objeto de la clase derivada para trabajar con los elementos de la clase abstracta los cuales han sido definidos en la clase derivada.

Ejemplo 6.38

```fsharp
open System

//DEFINICIÓN DE LA CLASE ABSTRACTA (SUPERCLASE)
[<AbstractClass>]
type FiguraGeometrica() =
    //Definición de métodos abstractos
    abstract member Mensaje : unit -> string
    abstract member Aleatorio : unit -> int

    //Implementación por default del método Aleatorio
    default u.Aleatorio() =
        let rnd = new Random()
        let n = rnd.Next()
        n//Retornar n

    //Definición de una propiedad abstracta
    abstract member Area : float with get
    abstract member Perimetro : float with get
    abstract member Nombre : unit with get

    //Definición e implementación de un método no abstracto
    member this.ObtenerNombreDeLaClase() =
        "FiguraGeométrica"//Retornar el nombre de la clase
```

```fsharp
//CLASE DERIVADA
type Cuadrado(LongitudLado : float) =
    inherit FiguraGeometrica()//Herencia a la clase abstracta

    //Atributo de la clase
    let mutable LongLado = LongitudLado

    //Definición de los elementos abstractos de la superclase
    override this.Area =
        let area = LongLado * LongLado
        area

    override this.Perimetro =
        let perimetro = LongLado * 4.0
        perimetro

    override this.Nombre =
        printfn "Cuadrado"

    override this.Mensaje() =
        "Hola mundo"

[<EntryPoint>]
let main(args : string[]) =

    //Creación del objeto de la clase cuadrado
    let cuad = new Cuadrado(10.0)

    printfn "Nombre de la clase: %s"
(cuad.ObtenerNombreDeLaClase())
    printf "Figura: "
    cuad.Nombre
    printfn "Mensaje: %s" (cuad.Mensaje())
    let p = cuad.Perimetro
    printfn "Perímetro: %f" p
    let a = cuad.Area
    printfn "Área: %f" a
    let aleatorio = cuad.Aleatorio()
    printfn "Aleatorio: %d" aleatorio

    Console.ReadKey() |> ignore
    0
```

6.8 Matrices de clases y estructuras

Una vez que hemos definidos tipos de datos propios tales como clases y estructuras se pueden crear matrices de éstas igual que como se crea una matriz de datos predefinidos como int o string.

Ejemplo 6.39

```
open System

//Definición de la estructura Punto
type Punto =
    struct
        val mutable X : float
        val mutable Y: float
    end

type Persona(nombre : string, edad : int) =
    let mutable nom = nombre
    let mutable ed = edad

    new(nombre : string) = Persona(nombre, 0)
    new(edad : int) = Persona(null, edad)
    new() = Persona(null, 0)

    member public this.EdadEn10Años() =
        let ne = ed + 10//Calcular la edad en 10 años
        ne//Retornar ne

    member public this.ObtenerNombre() =
        nom//Retornar el atributo nom

    member public this.Msg(mensaje) =
        //Mostra un mensaje en la pantalla
        printfn "%s" (mensaje.ToString())

    override this.ToString() =
        //Retornar un string
        "Nombre: " + nom  + ", Edad: " + ed.ToString()

    member private this.AccederEdad() =
        ed//Retornar la edad
```

```fsharp
    member public this.ObtenerEdad() =
        this.AccederEdad()//llamada al método private

    member public this.Edad
        with get() =
            ed
        and set(value) =
            ed <- value

    member public this.Nombre
        with get() =
            nom
        and set(value) =
            nom <- value
[<EntryPoint>]
let main(args : string[]) =
    //Creación de una matriz de la estructura Punto
    let puntos = Array.create 2 (new Punto())

    //Creación de una matriz de 1x2 de la clase Persona
    let personas = Array2D.create 1 2 (new Persona())

    Console.ReadKey() |> ignore
    0
```

Una vez creada la matriz se crea un objeto de la clase o estructura correspondiente en el índice "n" de la matriz y se usa igual que un objeto de la clase o estructura.

Ejemplo 6.40

```fsharp
personas.[0, 0] <- new Persona("Juan", 25)
personas.[0, 1] <- new Persona()
personas.[0, 1].Nombre <- "José"
personas.[0, 1].Edad <- 27

for i in 0..1
    do
    printfn "Nombre: %s" personas.[0, i].Nombre
    printfn "Nombre: %d" personas.[0, i].Edad
    printfn "Edad en 10 años: %d" (personas.[0, i].EdadEn10Años())
done

puntos.[0] <- new Punto()
```

```fsharp
puntos.[0].X <- 3.1
puntos.[0].Y <- 3.2
printfn "(%f, %f)" puntos.[0].X puntos.[0].Y

puntos.[1] <- new Punto()
puntos.[1].X <- 1.0
puntos.[1].Y <- 2.5
printfn "(%f, %f)" puntos.[1].X puntos.[1].Y
```

6.9 Delegados.

Un delegado es un tipo definido que hace referencia a un método. Dicho de otra manera, un delegado representa una llamada a un método.

6.9.1 Declaración de un delegado.

Aunque estilos de programación existen muchos y la forma de acomodar el código depende de cada programador es recomendable declarar los delegados al principio del código fuente al que pertenecen. La sintaxis de declaración de un delegado es la siguiente:

type [Nombre del delegado] = delegate of [Parámetros] -> [Dato a retornar]

Ejemplo 6.41

```fsharp
open System

//Declaración del delegado
type delegado = delegate of (int * int) -> int

//...

[<EntryPoint>]
let main args =

    //...

    Console.ReadKey() |> ignore
    0
```

6.9.2 Definición de la función que usará el delegado.

Una vez que hemos definido el delegado el siguiente paso es definir la función de la que va a hacer uso el delegado. Dicha función debe de coincidir con la definición del delegado.

Ejemplo 6.42

```fsharp
open System

//Declaración del delegado
type delegado = delegate of (int * int) -> int

//Función de la que hará uso el delegado
let suma(a : int, b : int) =
    let sum = a + b
    sum

[<EntryPoint>]
let main args =

    //...

    Console.ReadKey() |> ignore
    0
```

En el ejemplo 6.41 se aprecia que la función definida "suma" coincide con la definición del delegado, en la cual se especifica que se hará uso de una función que reciba dos parámetros de tipo entero y retorne un dato de tipo entero.

6.9.3 Invocador de delegados.

El invocador del delegado es un método que recibe por parámetros un delegado y el mismo número de parámetros definidos en el delegado y realiza la operación de invocar al delegado.

Ejemplo 6.43

```fsharp
open System

//Declaración del delegado
type delegado = delegate of (int * int) -> int

//Función de la que hará uso el delegado
```

```fsharp
let suma(a : int, b : int) =
    let sum = a + b
    sum

//Definir el invocador del delegado
let invocarDelegado (dlg : delegado) (a : int) (b: int) =
    dlg.Invoke(a, b)

[<EntryPoint>]
let main args =

    //...

    Console.ReadKey() |> ignore
    0
```

En el ejemplo 6.43 se aprecia que en la declaración del delegado estamos definiendo que se van a recibir dos parámetros de tipo entero y en la definición del invocador del delegado vemos que después del parámetro correspondiente al delegado se definen dos parámetros de tipo entero los cuales corresponden con los definidos en el delegado.

6.9.4 Creación de un delegado

La creación de un delegado se hace a través de un objeto del delegado el cual recibe como parámetro la función de la que hará uso el delegado.

Ejemplo 6.44

```fsharp
open System

//Declaración del delegado
type delegado = delegate of (int * int) -> int

//Función de la que hará uso el delegado
let suma(a : int, b : int) =
    let sum = a + b
    sum

//Definir el invocador del delegado
let invocarDelegado (dlg : delegado) (a : int) (b: int) =
    dlg.Invoke(a, b)

[<EntryPoint>]
```

```fsharp
let main args =

    //Creación de los delegados
    let dlg = new delegado(suma)

    //...

    Console.ReadKey() |> ignore
    0
```

6.9.5 Uso de un delegado

Para hacer uso del delegado tenemos que hacer una llamada al método encargado de invocar a nuestro delegado.

Ejemplo 6.45

```fsharp
open System

//Declaración del delegado
type delegado = delegate of (int * int) -> int

//Función de la que hará uso el delegado
let suma(a : int, b : int) =
    let sum = a + b
    sum

//Definir el invocador del delegado
let invocarDelegado (dlg : delegado) (a : int) (b: int) =
    dlg.Invoke(a, b)

[<EntryPoint>]
let main args =

    //Creación de los delegados
    let dlg = new delegado(suma)

    let n1, n2 = 2, 7

    //Uso de los delegados
    let suma = invocarDelegado dlg n1 n2

    printfn "%d + %d = %d" n1 n2 suma

    Console.ReadKey() |> ignore
```

0

En el ejemplo 6.45 tenemos el código completo correspondiente al uso de delegados. Se aprecia claramente el orden en al cual debemos de definir cada elemento.

6.9.6 Delegados que hacen uso de funciones pertenecientes a una clase.

Cuando el método del que hará uso un delegado pertenece a una clase lo único que debemos hacer es crear un objeto de la clase que lo contiene.

Ejemplo 6.46

```fsharp
open System

//Declararación del delegado
type delegado = delegate of (int * int) -> int

//Clase que contiene el método del que hará uso el delegado
type Clase1()=
    //Función de la que hará uso el delegado
    member this.suma(a, b) =
        let sum = a + b
        sum

//Definir el invocador del delegado
let invocarDelegado (dlg : delegado) (a : int) (b: int) =
    dlg.Invoke(a, b)

[<EntryPoint>]
let main args =

    //Creación del objeto de la clase
    let obj = new Clase1()

    //Creación de los delegados
    let dlg = new delegado(obj.suma)

    let n1, n2 = 2, 7

    //Uso de los delegados (Invocador Delegado Parametros)
    let suma = invocarDelegado dlg n1 n2

    printfn "%d + %d = %d" n1 n2 suma
```

```fsharp
    Console.ReadKey() |> ignore
    0
```

6.10 Miembros estáticos de una clase.

Todo miembro de una clase declarado como estático (**static**) se accede sin la necesidad de crear un objeto de la clase que los contiene mientras que los miembros no declarados como estáticos son inaccesibles. Con la creación de un objeto de la clase se accede a todos los miembros de ésta que no están declarados como estáticos y los miembros declarados como estáticos son inaccesibles.

Ejemplo 6.47

```fsharp
open System

type Clase1() =
    //método estático de la clase
    static member Msg() =
        printfn "Hola mundo!"

    //Método no estático de la clase
    member this.Aleatorio() =
        let rnd = new Random()
        let n = rnd.Next()
        n//Retornar n

[<EntryPoint>]
let main argv =
    //Acceso al miembro estático de la clase
    Clase1.Msg()

    //Acceso al miembro no estático de la clase
    let obj = new Clase1()
    let n = obj.Aleatorio()
    printfn "Aleatorio: %d" n

    Console.ReadKey() |> ignore
    0
```

6.11 Funciones anónimas y expresión lambda.

Una función anónima se define a través de una **expresión lambda** haciendo uso de la palabra reservada **fun**. Una función o método anónimo sólo existe en un contexto determinado, es decir que no está disponible para ninguna otra parte del programa, esto debido a que como tal, una función anónima no contiene un nombre propio definido. La sintaxis de definición de una función anónima es la siguiente:

fun [parámetros] -> Definición de la función

Ejemplo 6.48

```
open System


[<EntryPoint>]
let main argv =

    //Definición de una función anónima para sumar dos números
    let num = (fun a b -> a + b) 1 2
    printfn "%d" num


    Console.ReadKey() |> ignore
    0
```

También es posible definir una función anónima y asignarla a una variable para poder llamar a la función a través de la variable.

Ejemplo 6.49

```
open System


[<EntryPoint>]
let main argv =

    //Asignar una función anónima a una variable
    let f = fun n ->
        let incremento = n + 1
        incremento


    //llamada a la función anónima asignada a la variable f
    let x = f 5
    printfn "%d" x
```

```
    Console.ReadKey() |> ignore
    0
```

En el ejemplo 6.49 se define una función anónima la cual es asignada a la variable "f" para posteriormente ser utilizada. Este tipo de definición de función anónima no es muy común que sea usada dado que prácticamente estaría perdiendo se definición de "anónima".

6.12 Funciones recursivas.

Una función recursiva es una función especial que hace una llamada a sí misma dentro de ésta. Las funciones recursivas se definen a través de la palabra reservada **rec**.

Ejemplo 6.50

```
open System

//Función recursiva
let rec Factorial n =
    if n > 1
    then
        n * Factorial (n - 1)
    else
        1

[<EntryPoint>]
let main argv =
    printf "Número: "
    let n = Convert.ToInt32(Console.ReadLine())

    //llamada a la función recursiva
    let fac = Factorial n
    printfn "%d! = %d" n fac

    Console.ReadKey() |> ignore
    0
```

También es posible definir un método recursivo dentro de una clase en cuyo caso **no se necesita de la palabra reservada rec**.

Ejemplo 6.51

```fsharp
open System

type Clase1() =
    //Método recursivo
    member this.Factorial(n) =
        if n > 1
        then
            n * this.Factorial(n - 1)
        else
            1


[<EntryPoint>]
let main argv =
    printf "Número: "
    let n = Convert.ToInt32(Console.ReadLine())

    //Creación del objeto de la clase
    let obj = new Clase1()

    //llamada a la función recursiva
    let fac = obj.Factorial(n)
    printfn "%d! = %d" n fac

    Console.ReadKey() |> ignore
    0
```

6.13 Ejercicios resueltos.

Ejercicio 1: Hacer un programa para llevar el control de los empleados en una tienda. El programa deberá de implementar las clases de Fecha, Persona y Empleado.

La Clase Fecha define los atributos de día, mes y año; redefine el método ToString para que retorne la fecha con el formato día/mes/año y debe de definir las propiedades día, mes y año.

La clase Persona contiene los atributos nombre, apellido paterno, apellido materno y fecha de nacimiento. El atributo de fecha de nacimiento es del tipo de dato definido en la clase Fecha. Contiene el método

La clase persona define los atributos de: Nombre. Apellido paterno, apellido materno y fecha de nacimiento (del tipo de dato definido en la clase Fecha).

La clase Fecha deberá definir las propiedades Día, Mes y Año.

El programa deberá de contar con el siguiente menú:

Dar de alta a un empleado
Dar de baja a un empleado
Buscar empleado
Ver lista de empleados
Ver detalle de empleado
Modificar un empleado
Salir

La opción de buscar empleado puede realizar la búsqueda a través del nombre o a través del ID del empleado y retornara el ID del empleado y su nombre.

La opción de ver detalle de empleado recibirá como parámetro el ID del empleado y mostrara a detalle los datos del empleado (su ID, su fecha de ingreso, su salario, su puesto, su nombre, se fecha de nacimiento)

El código del ejercicio 1 es el siguiente:

```fsharp
open System
open System.Collections.Generic

//Clase Fecha
type Fecha(Día : int, Mes : int, Año : int) =
    //Atributos de la clase
    let mutable día = Día
    let mutable mes = Mes
    let mutable año = Año

    //Definición de un constructor sin parámetros
    new() = Fecha(-1, -1, -1)

    //Método ToString redefinido
    override this.ToString() =
        día.ToString() + "/" + mes.ToString() + "/" +
año.ToString()

    //Propiedades de la clase
    member public this.Día
        with get() =
            día
        and set(value) =
            día <- value

    member public this.Mes
        with get() =
            mes
        and set(value) =
```

```fsharp
                mes <- value

    member public this.Año
        with get() =
            año
        and set(value) =
            año <- value
//Fin de la clase Fecha

//Clase Persona
type Persona(Nombre : string, ApellidoPaterno : string,
ApellidoMaterno : string, fechaNacimiento : Fecha) =
    //Atributos de la clase
    let mutable nom = Nombre
    let mutable ap = ApellidoPaterno
    let mutable am = ApellidoMaterno
    let mutable f = fechaNacimiento

    //Definición de un constructor sin parámetros
    new() = Persona(null, null, null, new Fecha())

    //Métodos de la clase
    member this.ObtenerNombre() =
        ap + " " + am + " " + nom

    //Redefinición del metodo ToString
    override this.ToString() =
        "Nombre: " + ap + " " + am + " " + nom + "\nFecha de
nacimiento: " + f.ToString()

    //Propiedades de la clase
    member public this.Nombre
        with get() =
            nom
        and set(value) =
            nom <- value

    member public this.ApellidoPaterno
        with get() =
            ap
        and set(value) =
            ap <- value

    member public this.ApellidoMaterno
        with get() =
            am
```

```fsharp
            and set(value) =
                am <- value

        member public this.FechaNacimiento
            with get() =
                f
            and set(value) =
                f <- value
//Fin de la clase Persona

//Clase Empleado
type Empleado(Nombre : Persona, IDEmpleado : int, FechaIngreso :
Fecha, Puesto : string, Salario : double) =
    //Atributos de la clase
    let mutable nom = Nombre
    let mutable id = IDEmpleado
    let mutable f = FechaIngreso
    let mutable puesto = Puesto
    let mutable salario = Salario

    //Definición de un cinstructor sin parámetro
    new () = Empleado(new Persona(), -1, new Fecha(), null, 0.0)

    //Métodos de la clase
    member this.Antiguedad() =
        let año = DateTime.Now.Year
        let antiguedad = año - f.Año
        antiguedad//Retornar la antiguedad

    override this.ToString() =
        nom.ToString() + "\nID Empleado: " + id.ToString() +
"\nPuesto: " + puesto.ToString() + "\nFecha de ingreso: " +
f.ToString() + "\nSalario: " + salario.ToString()

    //Propiedades de la clase
    member public this.Nombre
        with get() =
            nom
        and set(value) =
            nom <- value

    member public this.IDEmpleado
        with get() =
            id
        and set(value) =
            id <- value
```

```fsharp
    member public this.FechaIngreso
        with get() =
            f
        and set(value) =
            f <- value

    member public this.Puesto
        with get() =
            puesto
        and set(value) =
            puesto <- value

    member public this.Salario
        with get() =
            salario
        and set(value) =
            salario <- value
//Fin de la clase Empleado

[<EntryPoint>]
let main argv =
    //Lista de empleados
    let listaEmpleados = new List<Empleado>()

    let mutable opc = ""

    while opc <> "S"
        do
        Console.Clear()//limpiar la pantalla

        //Ménu
        printfn "Selecciona una opción:"
        printfn "Dar de alta a un empleado (A)"
        printfn "Dar de baja a un empleado (B)"
        printfn "Buscar a un empleado (U)"
        printfn "Ver lista de empleados (V)"
        printfn "Ver detalle del empleado (D)"
        printfn "Modificar datos del empleado (M)"
        printfn "Salir (S)"
        printf "Opción: "

        //Guardar la opción del menú seleccionada
        opc <- Console.ReadLine().ToUpper()

        Console.Clear()//limpiar la pantalla
```

```fsharp
        if opc = "A"
        then
            //Pedir los datos
            printf "Nombre: "
            let nom = Console.ReadLine()
            printf "Apellido paterno: "
            let ap = Console.ReadLine()
            printf "Apellido materno: "
            let am = Console.ReadLine()

            printfn"\nFecha de nacimiento"
            printf "Día: "
            let dia = Convert.ToInt32(Console.ReadLine())
            printf "Mes: "
            let mes = Convert.ToInt32(Console.ReadLine())
            printf "Año: "
            let año = Convert.ToInt32(Console.ReadLine())

            let fechaN = new Fecha(dia, mes, año)
            let persona = new Persona(nom, ap, am, fechaN)

            printfn "\nDatos de la empresa"
            printf "ID empleado: "
            let id = Convert.ToInt32(Console.ReadLine())
            printf "Puesto empleado: "
            let puesto = Console.ReadLine()
            printf "Salario empleado: "
            let salario = Convert.ToDouble(Console.ReadLine())

            //Dar de alta a un empleado
            let empleado = new Empleado(persona, id, new
Fecha(DateTime.Now.Day, DateTime.Now.Month, DateTime.Now.Year),
puesto, salario)

            //Añadirlo a la lista de empleados
            listaEmpleados.Add(empleado)

            printfn "\nNuevo empleado registrado"
            Console.ReadKey() |> ignore
        elif opc = "B"
        then
            printf "ID del empleado a borrrar: "
            let id = Convert.ToInt32(Console.ReadLine())

            //Obtener el número de elementos en la lista
```

```fsharp
        let mutable n = listaEmpleados.Count

        let mutable pos = 0
        let mutable b = false

        while pos < n
            do
            if (listaEmpleados.[pos].IDEmpleado) = id
            then
                //Borrar al empleado de la lista
                listaEmpleados.RemoveAt(pos)
                printfn "Empleado eliminado"

                //Terminar el ciclo while
                pos <- n
                b <- true

            pos <- pos + 1
        done

        if b = false
        then
            printfn "No se encontro al empleado"

        Console.ReadKey() |> ignore
    elif opc = "V"
    then
        //Obtener el número de elementos en la lista
        let mutable n = listaEmpleados.Count

        printfn "Lista de empleados:"
        for i in 0..(n - 1)
            do
            //Mostrar el nombre y el id del empleado
            printf "%s"
(listaEmpleados.[i].Nombre.ObtenerNombre())
            printfn "\t%d" (listaEmpleados.[i].IDEmpleado)
        done

        Console.ReadKey() |> ignore
    elif opc = "U"
    then
        //Submenú
        printfn "Buscar por nombre (N)"
        printfn "Buscar por ID (I)"
        printf "Opción: "
```

```fsharp
            //Guardar la opción del sumbenú seleccionada
            let opc2 = Console.ReadLine().ToUpper()

            Console.Clear()//Limpiar la pantalla

            if opc2 = "N"
            then
                printf "Nombre del empleado a buscar (empezando
por apellidos): "
                let nombre = Console.ReadLine()

                //Obtener el número de elementos en la lista
                let mutable n = listaEmpleados.Count

                let mutable pos = 0
                let mutable b = false

                printfn "\nEmpleado:"
                while pos < n
                    do
                    if
(listaEmpleados.[pos].Nombre.ObtenerNombre()) = nombre
                    then
                        //Mostrar el nombre y el id del empleado
                        printf "%s"
(listaEmpleados.[pos].Nombre.ObtenerNombre())
                        printfn "\t%d"
(listaEmpleados.[pos].IDEmpleado)
                        b <- true

                    pos <- pos + 1
                done

                if b = false
                then
                    printfn "No se encontraron empleados
coincidentes"
            if opc2 = "I"
            then
                printf "ID del empleado a buscar: "
                let id = Convert.ToInt32(Console.ReadLine())

                //Obtener el número de elementos en la lista
                let mutable n = listaEmpleados.Count
```

```fsharp
            let mutable pos = 0
            let mutable b = false

            printfn "\nEmpleado:"
            while pos < n
                do
                if listaEmpleados.[pos].IDEmpleado = id
                then
                    //Mostrar el nombre y el id del empleado
                    printf "%s"
(listaEmpleados.[pos].Nombre.ObtenerNombre())
                    printfn "\t%d"
(listaEmpleados.[pos].IDEmpleado)
                    b <- true

                pos <- pos + 1
            done

            if b = false
            then
                printfn "No se encontraron empleados
coincidentes"
            else
            printfn "Opción no válida"

        Console.ReadKey() |> ignore
    elif opc = "D"
    then
        printf "ID del empleado a buscar: "
        let id = Convert.ToInt32(Console.ReadLine())

        //Obtener el número de elementos en la lista
        let mutable n = listaEmpleados.Count

        let mutable pos = 0
        let mutable b = false

        printfn "\nEmpleado:"
        while pos < n
            do
            if listaEmpleados.[pos].IDEmpleado = id
            then
                //Mostrar los datos del empleado
                printfn "%s" (listaEmpleados.[pos].ToString())
                printfn "Antiguedad: %d"
(listaEmpleados.[pos].Antiguedad())
```

```fsharp
                    //Terminar el ciclo while
                    pos <- n
                    b <- true

                    pos <- pos + 1
            done

        if b = false
        then
            printfn "No se encontraron empleados coincidentes"

        Console.ReadKey() |> ignore
    elif opc = "M"
    then
        printf "ID del empleado a buscar: "
        let id = Convert.ToInt32(Console.ReadLine())

        //Obtener el número de elementos en la lista
        let mutable n = listaEmpleados.Count

        let mutable pos = 0
        let mutable b = false

        while pos < n
            do
            if listaEmpleados.[pos].IDEmpleado = id
            then
                let mutable correcto = "s"

                //Mostrar los datos y confirmar que sean
correctos
                printfn "Nombre: %s"
(listaEmpleados.[pos].Nombre.Nombre)
                printf "Correscto (s/n)?"
                correcto <- Console.ReadLine().ToLower()
                if correcto = "n"
                then
                    printf "Nombre: "
                    //Modificar el valor de la propiedad
Nombre
                    (listaEmpleados.[pos].Nombre.Nombre <-
Console.ReadLine())

                printfn "Apellido paterno: %s"
(listaEmpleados.[pos].Nombre.ApellidoPaterno)
```

```fsharp
                    printf "Correscto (s/n)?"
                    correcto <- Console.ReadLine().ToLower()
                    if correcto = "n"
                    then
                        printf "Apellido paterno: "
                        //Modificar el valor de la propiedad
ApellidoPaterno

(listaEmpleados.[pos].Nombre.ApellidoPaterno <-
Console.ReadLine())

                    printfn "Apellido materno: %s"
(listaEmpleados.[pos].Nombre.ApellidoMaterno)
                    printf "Correscto (s/n)?"
                    correcto <- Console.ReadLine().ToLower()
                    if correcto = "n"
                    then
                        printf "Apellido materno: "
                        //Modificar el valor de la propiedad
ApellidoMaterno

(listaEmpleados.[pos].Nombre.ApellidoMaterno <-
Console.ReadLine())

                    printfn "Fecha de nacimiento: %s"
(listaEmpleados.[pos].Nombre.FechaNacimiento.ToString())
                    printf "Correscto (s/n)?"
                    correcto <- Console.ReadLine().ToLower()
                    if correcto = "n"
                    then
                        printf "Día: "
                        //Modificar el valor de la propiedad Día

(listaEmpleados.[pos].Nombre.FechaNacimiento.Día <-
Convert.ToInt32(Console.ReadLine()))
                        printf "Mes: "
                        //Modificar el valor de la propiedad Mes

(listaEmpleados.[pos].Nombre.FechaNacimiento.Mes <-
Convert.ToInt32(Console.ReadLine()))
                        printf "Año: "
                        //Modificar el valor de la propiedad Año

(listaEmpleados.[pos].Nombre.FechaNacimiento.Año <-
Convert.ToInt32(Console.ReadLine()))
```

```fsharp
                    printfn "Puesto: %s"
(listaEmpleados.[pos].Puesto)
                    printf "Correscto (s/n)?"
                    correcto <- Console.ReadLine().ToLower()
                    if correcto = "n"
                    then
                        printf "Puesto: "
                        //Modificar el valor de la propiedad
Puesto
                        (listaEmpleados.[pos].Puesto <-
Console.ReadLine())

                    printfn "Salario: %f"
(listaEmpleados.[pos].Salario)
                    printf "Correscto (s/n)?"
                    correcto <- Console.ReadLine().ToLower()
                    if correcto = "n"
                    then
                        printf "Salario: "
                        //Modificar el valor de la propiedad
Salario
                        (listaEmpleados.[pos].Salario <-
Convert.ToDouble(Console.ReadLine()))

                    printfn "Fecha de ingreso: %s"
(listaEmpleados.[pos].FechaIngreso.ToString())
                    printf "Correscto (s/n)?"
                    correcto <- Console.ReadLine().ToLower()
                    if correcto = "n"
                    then
                        printf "Día: "
                        //Modificar el valor de la propiedad Día
                        (listaEmpleados.[pos].FechaIngreso.Día <-
Convert.ToInt32(Console.ReadLine()))
                        printf "Mes: "
                        //Modificar el valor de la propiedad Mes
                        (listaEmpleados.[pos].FechaIngreso.Mes <-
Convert.ToInt32(Console.ReadLine()))
                        printf "Año: "
                        //Modificar el valor de la propiedad Año
                        (listaEmpleados.[pos].FechaIngreso.Año <-
Convert.ToInt32(Console.ReadLine()))

                    printfn "\nDatos modificados"

                    //Terminar el ciclo while
```

```
                pos <- n
                b <- true

                pos <- pos + 1
        done

        if b = false
        then
            printfn "No se encontraron empleados coincidentes"

        Console.ReadKey() |> ignore
    elif opc = "S"
    then
        printfn "Salir..."
    else
        printfn "Opción no válida"
        Console.ReadKey() |> ignore

    printfn "Presione una tecla para continuar"
done


0
```

Ejercicio 2: Hacer un programa que le pida al usuario introduzca una oración. El programa deberá de decir cuántas palabras tiene y decir si es de tipo palíndroma. Para esto:

- El programa deberá de implementar una clase de nombre **Oración**
- La clase recibe como parámetro del constructor principal la oración la cual es de tipo **string**.
- La clase define una propiedad llamada **Oración** la cual nos va a permitir asignar y obtener la oración.
- La clase define el método **EsPalindroma** el cual no recibe parámetros y retorna un dato tipo booleano.
- La clase define un método privado llamado **EliminarEspacios** el cual eliminará todos los espacios en blanco y tabulados de la frase para poder determinar si es palíndroma. Este método debe de ser llamado dentro del método **EsPalindroma** y retorna un nuevo string que contiene la oración sin espacios y en minúsculas.
- La clase define un método privado llamado **Reversa** el cual recibe como parámetro un string. Dicho método deberá de ser llamado dentro del método **EsPalindroma**.
- Para facilitar el análisis de la oración el programa hace uso de **expresiones regulares**.

El código correspondiente al ejercicio 2 es el siguiente:

```fsharp
open System
open System.Text.RegularExpressions

type Oración(Oración : string) =
    //Atributo de la clase
    let mutable oración = Oración

    member public this.EsPalíndroma() =
        let mutable b = false

        //Eliminar los espacios en blanco de la oración
        let mutable ora = this.EliminarEspacios()

        //Revertir la oración
        let mutable ora2 = this.Reversa(ora)

        //Si las oraciones son iguales
        if ora.Equals(ora2)
        then
            //Es palíndroma
            b <- true

        b//retornar si es palíndroma o no

    member private this.EliminarEspacios() =
        let mutable nueva = ""

        //Expresión regular usada para  buscar palabras
        let mutable regex = new Regex(@"\w+")
        let mutable mtch = regex.Match(oración)

        (*while usado para concatenar las palabras de la oración y
eliminar los espacios en blanco*)
        while mtch.Success//Mientras existan coincidencias en la
expresión regular
            do
            //Concatenar la palabra
            nueva <- nueva + mtch.Value
            //Moverse a la siguiente palabra
            mtch <- mtch.NextMatch()
        done
```

```fsharp
        //Retornar la frase sin espacios y en minúsculas
        nueva.ToLower()


    member private this.Reversa(str : string) =
        let mutable nuevoStr = ""
        let mutable longitud = str.Length
        longitud <- longitud - 1

        //For usado para revertir la oración
        for i = longitud downto 0
            do
            //Concatenar para formar el nuevo string
            nuevoStr <- nuevoStr + str.[i].ToString()
        done

        nuevoStr//Retornar el string al revés

    (*Propiedad de clase que permite asignar u obtener la
oración*)
    member public this.Oracion
        with get() =
            oración
        and set(value) =
            oración <- value

[<EntryPoint>]
let main argv =

    printf "Introduce una oración: "
    let oración = Console.ReadLine()

    //Creación del objeto de la clase
    let obj = new Oración(oración)

    if obj.EsPalindroma() = true
    then
        printfn "La oración \"%s\" es palíndroma" obj.Oracion
    else
        printfn "La oración \"%s\" NO es palíndroma" obj.Oracion

    Console.ReadKey() |> ignore
    0
```

Ejercicio 3: Hacer un programa que permita calcular el volumen y el área superficial de una esfera y de un cubo. El programa deberá de definir las clases FiguraGeomérica3D, Cubo y Esfera.

La clase FiguraGeometrica3D contiene los métodos abstractos heredables Volumen y AreaSuperficial los cuales reciben un dato como parámetro correspondiente al radio o a la longitud del lado según sea el caso.

Las clases Cubo y Esfera heredan a la clase FiguraGeometrica3D y redefinen los métodos pertenecientes a la clase FiguraGeometrica3D.

El código correspondiente al ejercicio 3 es el siguiente:

```
open System

//SUPERCLASE
type FiguraGeometrica3D() =
    //Declaración del método a ser redefinido en la clase derivada
    abstract member Volumen : float -> float
    abstract member AreaSuperficial : float -> float

    //Definición de lo que va a hacer el método en esta clase
    default u.Volumen(dato) =
        let vol = 0.0
        vol

    //Definición de lo que va a hacer el método en esta clase
    default u.AreaSuperficial(dato) =
        let area = 0.0
        area

//CLASE DERIVADA
type Cubo() =
    inherit FiguraGeometrica3D()//Herencia a la superclase

    //Redefinición del método Volumen de la superclase
    override u.Volumen(dato) =
        let vol = Math.Pow(dato, 3.0)
        vol//Retornar el volumen

    //Redefinición del método Volumen de la superclase
    override u.AreaSuperficial(dato) =
        let area = dato * dato * 6.0
        area//Retornar el área superficial
```

```fsharp
//CLASE DERIVADA
type Esfera() =
    inherit FiguraGeometrica3D()//Herencia a la superclase

    //Redefinición del método Volumen de la superclase
    override u.Volumen(radio)=
        let vol = (4.0 / 3.0) * Math.PI * (Math.Pow(radio, 3.0))
        vol//Retornar el volumen

    //Redefinición del método Volumen de la superclase
    override u.AreaSuperficial(radio) =
        let area = 4.0 * Math.PI * (Math.Pow(radio, 2.0))
        area//Retornar el área superficial

[<EntryPoint>]
let main(args : string[]) =
    //Creación del objeto de la clase Cubo
    let obj = new Cubo()

    printf "Longitud: "
    let mutable long = Convert.ToDouble(Console.ReadLine())

    let mutable resultado = obj.Volumen(long)
    printfn "Volumen: %f" resultado

    resultado <- obj.AreaSuperficial(long)
    printfn "Area superficial: %f" resultado

    printfn ""

    //Creación del objeto de la clase Esfera
    let obj = new Esfera()

    printf "Radio: "
    long <- Convert.ToDouble(Console.ReadLine())

    resultado <- obj.Volumen(long)
    printfn "Volumen: %f" resultado

    resultado <- obj.AreaSuperficial(long)
    printfn "Area superficial: %f" resultado

    Console.ReadKey() |> ignore
    0
```

Ejercicio 4: Definir una clase de tipo abstracta que solo defina el método Datos el cual recibe como parámetros un dato de tipo entero y otro dato de tipo flotante. El método deberá ser redefinido en la clase "Clase1" para que regresará una tubla la cual contendrá el dato entero más uno y el string concatenado con el mensaje "Hola mundo".

```fsharp
open System

//DEFINICIÓN DE LA CLASE ABSTRACTA (SUPERCLASE)
[<AbstractClass>]
type ClaseAbstracta() =
    //Definición del método abstracto
    abstract member Datos : int * string -> (int * string)

//CLASE DERIVADA
type Clase1() =
    inherit ClaseAbstracta()//Herencia a la clase abstracta

    //Definición de los elementos abstractos de la superclase
    override this.Datos(entero, str) =
        let n = entero + 1
        let str2 = str + ". Hola mundo"
        (n, str2)//Retornar una tupla

[<EntryPoint>]
let main(args : string[]) =

    let obj = new Clase1()

    printf "Introduce un entero: "
    let n = Convert.ToInt32(Console.ReadLine())

    printf "Introduce un string: "
    let str = Console.ReadLine()

    let (nuevoN, nuevoStr) = obj.Datos(n, str)

    printfn "%d\n%s" nuevoN nuevoStr

    Console.ReadKey() |> ignore
    0
```

Ejercicio 5: Definir una función que nos permita imprimir mensajes en la pantalla. La funcipon deberá de ser llamada haciendo uso de un delegado.

```fsharp
open System

//Declararación del delegado
type delegado = delegate of (string) -> unit

//Método del que hará uso el delegado
let Mensaje(msg) =
    printfn "%s" msg

[<EntryPoint>]
let main args =

    //Definir que se va a invocar al delegado
    let invocarDelegado (dlg : delegado) (msg)=
        dlg.Invoke(msg)

    //Creación del delegado
    let dlg = new delegado(Mensaje)

    //Uso del delegado
    invocarDelegado dlg "Hola mundo"

    Console.ReadKey() |> ignore
    0
```

Ejercicio 6: Definir una función recursiva que permita mostrar en pantalla la siguiente serie: 1, 2, 4, 8, 16, 32, 64, 128, 256. La fórmula usada para calcular el valor numérico es N^2.

```fsharp
open System

//Función recursiva
let rec Serie n =
    if n <= 256
    then
        //Calcular el valor actual de la serie a mostrar
        let nuevo = n * 2
        //Mostrar el valor actual de la seria
        printf "%d\t" n
        //llamada recursiva
        Serie nuevo
    else
        printfn ""//imprimir un salto de línea

[<EntryPoint>]
```

```fsharp
let main argv =

    //llamada a la función recursiva
    Serie 1

    Console.ReadKey() |> ignore
    0
```

6.14 Ejercicios propuestos.

Ejercicio 1: Definir la clase "EquipoDeCómputo" la cual debe de contener lo siguiente:

- **Método EncenderEquipo( )**.- Debe de mostrar el mensaje de "Equipo encendido"
- **Método ApagarEquipo( )**.- Debe de mostrar el mensaje de "Equipo apagado"
- **Método imprimir( )**.- Si el equipo está encendido deberá de mostrar el mensaje de "Impreso", de lo contrario deberá de mostrar el mensaje de "El equipo no está encendido"
- **Propiedad Marca de tipo de dato string**.- nos permitirá acceder o establecer al nombre del equipo
- **Propiedad Modeo de tipo de dato string**.- nos permitirá acceder o establecer al nombre del equipo
- **Propiedad RAM de tipo de dato int**.- nos permitirá acceder o establecer la memoria RAM del equipo

Ejercicio 2: Modificar el ejercicio 3 de la sección ejercicios resueltos para que la clase FiguraGeomérica3D sea de tipo **Abstracta**.

Ejercicio 3: Modificar el ejercicio 3 de la sección ejercicios resueltos para que en lugar de definir e implementar la clase FiguraGeomérica3D haga uso de una interfaz llamada **IFiguraGeometrica** con los métodos los cuales van a ser implementados en las lases de Cubo y Esfera.

Ejercicio 4: Modificar el ejercicio 1 de la sección ejercicios resueltos para que en lugar de hacer uso de una lista para guardar a los empleados (listaEmpleados) haga uso de una matriz de longitud 10.

Ejercicio 5: Hacer un programa para calcular el promedio de un grupo. El programa no deberá de implementar ninguna clase ni interfaz y el cálculo del promedio se deberá de hacer a través de una función anónima.

Ejercicio 6: Modificar el ejercicio 5 de la sección ejercicios resueltos para que el método del que hace uso el delegado pertenesca a la clase Metodos.

Ejercicio 7: Modificar el ejercicio anterior para que ahora el método perteneciente a la clase Metodos sea de tipo estático.

Ejercicio 8: Modificar el ejercicio 6 de la sección ejercicios resueltos para que la función resursiva Serie ahora forme parte de la clase Recursiva.

Ejercicio 9: Redefinir todos los ejercicios vistos en la sección ejercicios resueltos para que no hagan uso del método main.

Capítulo 7: Espacios de nombres, módulos, librerías y archivos dll

7.1 Espacios de nombres.

Los espacios de nombres nos permiten crear librerías o archivos de cabecera personalizados a partir de clases o estructuras.

7.1.1 Creación

Para crear un espacio de nombre se hace uso de la palabra reservada **namespace** seguida del nombre que se le va a dar al espacio de nombres y dentro de éste se colocan las clases y estructuras que pertenezcan al espacio de nombres.

Ejemplo 7.1

```
namespace MyLibreria

open System

//Definición de la estructura Punto
type Punto =
    struct
        val mutable X : float
        val mutable Y: float
    end

//Definición de la clase Mensajes
type Mensajes() =
    static member Msg1() =
        "Hola mundo"

    static member Msg2() =
        "Saludos!"

//Definición de la clase Aleatorios
type Aleatorios() =
    static member Enteros() =
        let rnd = new Random()
        let n = rnd.Next()
        n

    static member Flotemtes() =
        let rnd = new Random()
        let n = rnd.NextDouble()
        n
```

En el ejemplo 7.1 se crea el espacio de nombres "MyLibreria" el cual contiene a la estructura "Punto" y a las clases "Mensajes" y "Aleatorios". Es importante resaltar que los métodos que queremos que sean accesibles únicamente con importar nuestro espacio de nombres al proyecto deben de ser declarados como **static**.

7.1.2 Espacios de nombres anidados.

La anidación de espacios de nombres significa colocar un espacio de nombres dentro de otro espacio de nombres. Cada espacio de nombre debe de llamar de una manera distinta y debe de contener distintas clases y/o estructuras. Los espacios de nombres anidados pueden ser representados a través de una lista tabulada.

Ejemplo 7.2

- Namespace MyLibreria
  - Estructura Punto
  - Clase Mensajes
    - Msg1( )
    - Msg2( )
  - Clase Aleatorios
    - Enteros( )
    - Flotantes( )
  - Namespace LeerDato
    - Clase Leer
      - Entero( )
      - String( )
      - Flotante( )
      - Doble( )
      - Char( )
  - Namespace MostrarDato
    - Clase Mostrar
      - Dato(dato)

En el ejemplo 7.2 se plasma en una lista tabulada la estructura de nuestro espacio de nombres "MyLibreria" la cual contiene espacios de nombres anidados. Estas se programan haciendo uso de las palabras reservadas **namespace, type y estruct**.

Ejemplo 7.3

```
namespace MyLibreria
```

```fsharp
open System

//Definición de la estructura Punto
type Punto =
    struct
        val mutable X : float
        val mutable Y: float
    end

//Definición de la clase Mensajes
type Mensajes() =
    member this.Msg1() =
        "Hola mundo"

    member this.Msg2() =
        "Saludos!"

//Definición de la clase Aleatorios
type Aleatorios() =
    member this.Enteros() =
        let rnd = new Random()
        let n = rnd.Next()
        n

    member this.Flotemtes() =
        let rnd = new Random()
        let n = rnd.NextDouble()
        n


//Espacio de nombre anidado dentro de MyLibreria
namespace MyLibreria.LeerDato

open System

//Definición de la clase leer
type Leer() =
    member this.Entero() =
        let dato = Convert.ToInt32(Console.ReadLine())
        dato//Retornar dato

    member this.String() =
        let dato = Console.ReadLine()
        dato//Retornar dato

    member this.Flotante() =
```

```fsharp
        let dato = Convert.ToSingle(Console.ReadLine())
        dato//Retornar dato

    member this.Double() =
        let dato = Convert.ToDouble(Console.ReadLine())
        dato//Retornar dato

    member this.Char() =
        let dato = Convert.ToChar(Console.ReadLine())
        dato//Retornar dato


//Espacio de nombre anidado dentro de MyLibreria
namespace MyLibreria.MostrarDato

open System

//Definir la clase Mostrar
type Mostrar() =
    member this.Dato(dato) =
        printfn "%A" dato
```

En el ejemplo 7.3 se define la estructura del espacio de nombres representado en la lista tabulada del ejemplo 7.2.

7.1.3 Uso y llamada de un espacio de nombres en un proyecto.

Para hacer uso de espacios de nombres en nuestro proyecto, primero es necesario agregar un nuevo archivo a nuestro proyecto actual el cual contendrá el espacio de nombres a usar. Para esto:

- Nos dirigimos al **explorador de soluciones**.

- Damos click secundario sobre el nombre de nuestro proyecto
- Seleccionamos la opción **Agregar -> Nuevo elemento**. En la figura 7.1 se aprecia el proceso.

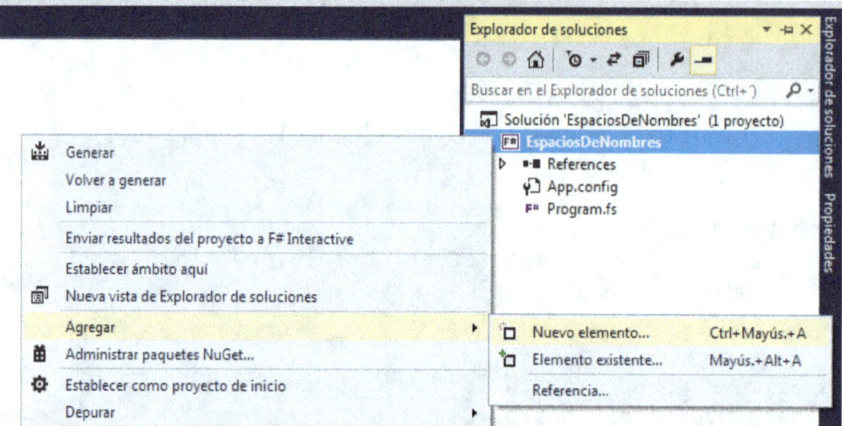

Fig. 7.1 Agregar nuevo elemento al proyecto

- En el cuadro de diálogo abierto seleccionamos la opción Archivo de origen y le colocamos como nombre el nombre de nuestro espacio de nombres (ver figura 7.2).

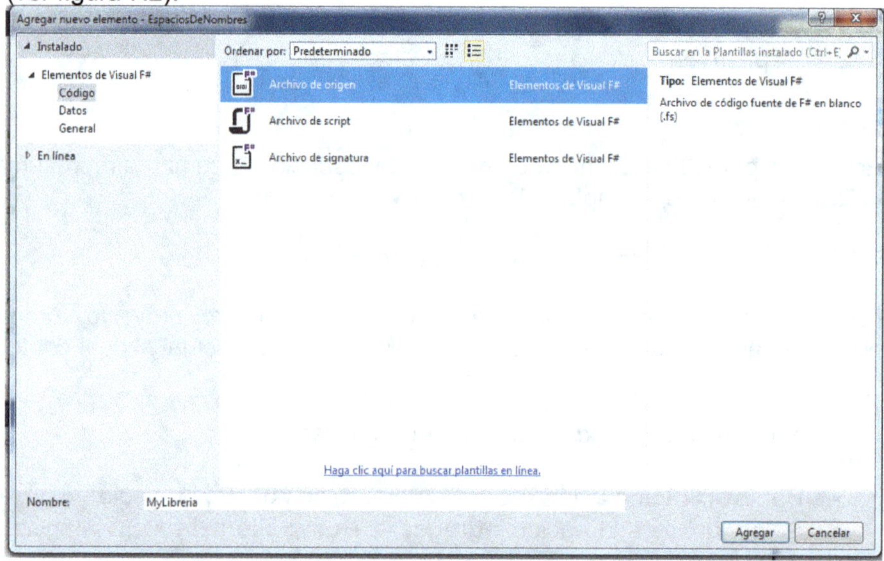

Fig. 7.2 Agregar un nuevo archivo al proyecto

- Click en **Aceptar**.

- En el archivo creado borramos el código que contiene (si es que contiene algún código) y **escribimos el código correspondiente a nuestro espacio de nombres**.

- Acomodamos los archivos pertenecientes a nuestro proyecto para que el archivo que contiene el main sea el último en aparecer en la lista. Para esto damos click secundario sobre el archivo y seleccionamos la opción de subir o bajar según sea el caso (ver figura 7.3).

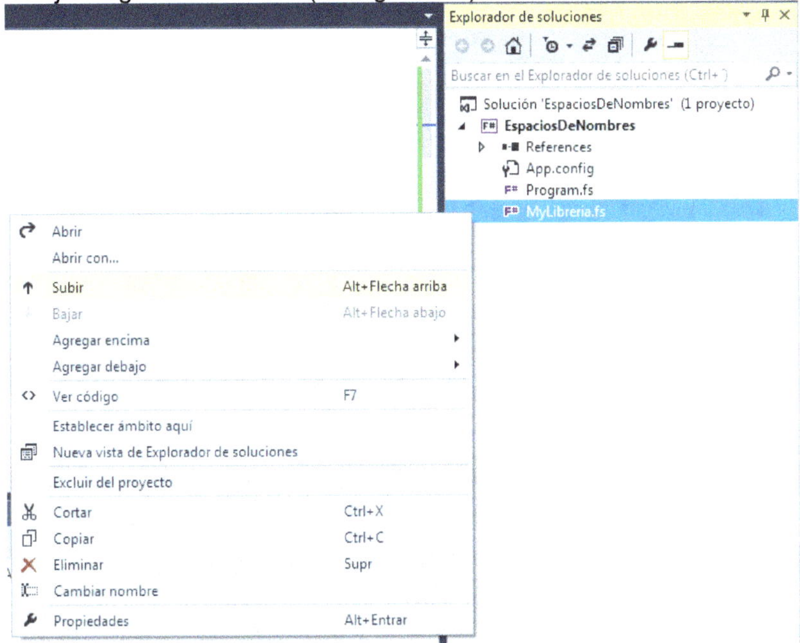

Fig. 7.3 Mover el orden de los archivos en el proyecto

- Una vez acomodado nuestro proyecto (ver figura 7.4) podemos importar nuestro espacio de nombres haciendo uso de la palabra reservada **open**.

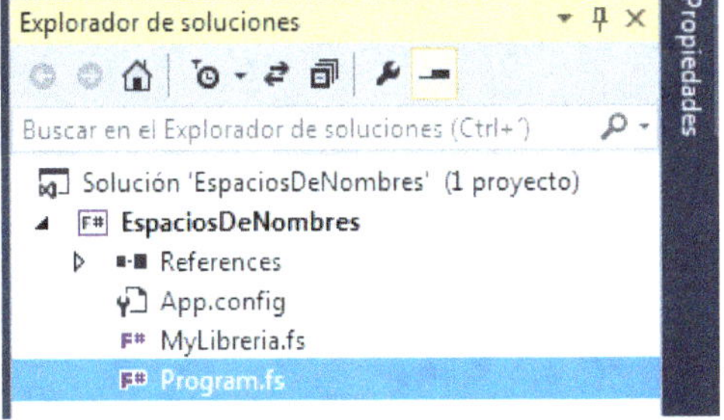

Fig. 7.4 Orden de los archivos del proyecto

Cuando importamos nuestro espacio de nombres podemos hacer uso de él igual que hacemos uso de los espacios de nombres propios de .NET.

Ejemplo 7.4

```
open System
```

```fsharp
//Importar mis espacios de nombres
open MyLibreria
open MyLibreria.LeerDato
open MyLibreria.MostrarDato


[<EntryPoint>]
let main argv =

    printf "Escribe un entero: "
    (*Hacer uso del método Leer.Entero de mi espacio de nombres
MyLibreria.LeerDato*)
    let entero = Leer.Entero()
    (*Hacer uso del método Mostrar.Dato de mi espacio de nombres
MyLibreria.MostrarDato*)
    Mostrar.Dato("El dato fue " + entero.ToString())

    (*Hacer uso del método Aleatorios.Enteros de mi espacio de
nombres MyLibreria*)
    let n1 = Aleatorios.Enteros()
    printfn "%d" n1
    (*Hacer uso del método Aleatorios.Flotantes de mi espacio de
nombres MyLibreria*)
    let n2 =Aleatorios.Flotemtes()
    printfn "%f" n2

    printfn ""

    (*Hacer uso del método Mensajes.Msg1 de mi espacio de nombres
MyLibreria*)
    let mutable str = Mensajes.Msg1()
    printfn "%s" str
    (*Hacer uso del método Mensajes.Msg2 de mi espacio de nombres
MyLibreria*)
    str <- Mensajes.Msg2()
    printfn "%s" str

    Console.ReadKey() |> ignore
    0
```

Si nuestro espacio de nombres está en un archivo independiente del proyecto con extensión .fs nos dirigimos a nuestro proyecto damos click secundario sobre é y seleccionamos la opción de **agregar elemento existente**.

7.2 Modulos.

Los módulos funcionan de manera similar que los espacios de nombres y al igual que éstos nos permiten agrupar código de F# en secciones que pueden ser llamadas a travpes de la palabra reservada **open**.

7.2.1 Creación

Para crear un módulo se hace uso de la palabra reservada **module** seguida del nombre que se le va a dar al módulo y dentro de éste se colocan las clases y estructuras que pertenezcan al módulo.

Ejemplo 7.5

```fsharp
module MyLibreria

open System

//Definición de la estructura Punto
type Punto =
    struct
        val mutable X : float
        val mutable Y: float
    end

//Definición de la clase Mensajes
type Mensajes() =
    static member Msg1() =
        "Hola mundo"

    static member Msg2() =
        "Saludos!"

//Definición de la clase Aleatorios
type Aleatorios() =
    static member Enteros() =
        let rnd = new Random()
        let n = rnd.Next()
        n

    static member Flotemtes() =
        let rnd = new Random()
        let n = rnd.NextDouble()
```

        n

En el ejemplo 7.5 se crea el módulo "MyLibreria" el cual contiene a la estructura "Punto" y a las clases "Mensajes" y "Aleatorios". Al igual que en los espacios de nombres los métodos que queremos que sean accesibles únicamente con importar nuestro módulo al proyecto deben de ser declarados como **static**.

7.2.2 Módulos anidados.

La anidación de módulos significa colocar un módulo dentro de otro módulo. Cada módulo debe de llamar de una manera distinta y debe de contener distintas clases y/o estructuras. Los módulos al igual que los espacios de nombres anidados pueden ser representados a través de una lista tabulada. Para definir en donde inicia y termina cada módulo anidado dentro del módulo principal se debe de hace uso del operador igual (=) y de tabulados.

Ejemplo 7.6

```fsharp
module MyLibreria
    open System

    //Definición de la estructura Punto
    type Punto =
        struct
            val mutable X : float
            val mutable Y: float
        end

    //Definición de la clase Mensajes
    type Mensajes() =
        static member Msg1() =
            "Hola mundo"

        static member Msg2() =
            "Saludos!"

    //Definición de la clase Aleatorios
    type Aleatorios() =
        static member Enteros() =
            let rnd = new Random()
            let n = rnd.Next()
            n

        static member Flotemtes() =
            let rnd = new Random()
```

```fsharp
            let n = rnd.NextDouble()
            n


    //Módulo anidado dentro de MyLibreria
    module LeerDato =
        //Definición de la clase leer
        type Leer() =
            static member Entero() =
                let dato = Convert.ToInt32(Console.ReadLine())
                dato//Retornar dato

            static member String() =
                let dato = Console.ReadLine()
                dato//Retornar dato

            static member Flotante() =
                let dato = Convert.ToSingle(Console.ReadLine())
                dato//Retornar dato

            static member Double() =
                let dato = Convert.ToDouble(Console.ReadLine())
                dato//Retornar dato

            static member Char() =
                let dato = Convert.ToChar(Console.ReadLine())
                dato//Retornar dato


    //Módulo anidado dentro de MyLibreria
    module MostrarDato =
        //Definir la clase Mostrar
        type Mostrar() =
            static member Dato(dato) =
                printfn "%A" dato
```

El ejemplo 7.6 ilustra cómo quedaría el ejemplo 7.2 de la sección 7.1.2 (Espacios de nombres anidados) hacinedo uso de módulos en lugar de espacios de nombres.

7.2.3 Uso y llamada de un módullo en un proyecto.

Para importar módulos en nuestro proyecto se procede de la misma menera que con los espacios de nombres (ver tema 7.1.3 Uso y llamada de un espacio de nombres en un proyecto). Una vez que importamos nuestro módulo podemos hacer uso de ellos de la misma forma en que hacemos uso de los espacios de nombres propios de .NET.

Ejemplo 7.7

```fsharp
open System
//Importar mis módulos
open MyLibreria
open MyLibreria.LeerDato
open MyLibreria.MostrarDato

[<EntryPoint>]
let main argv =

    printf "Escribe un entero: "
    (*Hacer uso del método Leer.Entero del módulo LeerDato*)
    let entero = Leer.Entero()
    (*Hacer uso del método Mostrar.Dato  del módulo MostrarDato*)
    Mostrar.Dato("El dato fue " + entero.ToString())

    (*Hacer uso del método Aleatorios.Enteros del módulo
MyLibreria*)
    let n1 = Aleatorios.Enteros()
    printfn "%d" n1
    (*Hacer uso del método Aleatorios.Flotantes del módulo
MyLibreria*)
    let n2 =Aleatorios.Flotemtes()
    printfn "%f" n2

    printfn ""

    (*Hacer uso del método Mensajes.Msg1 del módulo MyLibreria*)
    let mutable str = Mensajes.Msg1()
    printfn "%s" str
    (*Hacer uso del método Mensajes.Msg2 del módulo MyLibreria*)
    str <- Mensajes.Msg2()
    printfn "%s" str

    Console.ReadKey() |> ignore
    0
```

7.3 Librerías con espacios de nombres y módulos

Para hacer uso de los espacios de nombres y de los módulos de manara anidada es importante tener en cuanta que un módulo debe de perteneces a un espacio de nombres y nunca alrrevés.

Ejemplo 7.8

```
namespace MyLibreria

open System

//Definición de la estructura Punto
type Punto =
    struct
        val mutable X : float
        val mutable Y: float
    end

//Definición de la clase Mensajes
type Mensajes() =
    static member Msg1() =
        "Hola mundo"

    static member Msg2() =
        "Saludos!"

//Definición de la clase Aleatorios
type Aleatorios() =
    static member Enteros() =
        let rnd = new Random()
        let n = rnd.Next()
        n

    static member Flotemtes() =
        let rnd = new Random()
        let n = rnd.NextDouble()
        n


//Espacio de nombres que contiene módulos dentro de él
namespace MyLibreria.Datos
    open System
```

```fsharp
//Módulo anidado dentro de un espacio de nombres
module LeerDato =
    //Definición de la clase leer
    type Leer() =
        static member Entero() =
            let dato = Convert.ToInt32(Console.ReadLine())
            dato//Retornar dato

        static member String() =
            let dato = Console.ReadLine()
            dato//Retornar dato

        static member Flotante() =
            let dato = Convert.ToSingle(Console.ReadLine())
            dato//Retornar dato

        static member Double() =
            let dato = Convert.ToDouble(Console.ReadLine())
            dato//Retornar dato

        static member Char() =
            let dato = Convert.ToChar(Console.ReadLine())
            dato//Retornar dato


//Módulo anidado dentro de un espacio de nombres
module MostrarDato =
    //Definir la clase Mostrar
    type Mostrar() =
        static member Dato(dato) =
            printfn "%s" dato
```

Para importar un espacio de nombres que contengan módulos en nuestro proyecto se procede de la misma menera que con los espacios de nombres (ver tema 7.1.3 Uso y llamada de un espacio de nombres en un proyecto). Una vez que importamos nuestros espacios de nombres podemos hacer uso de éstos de la misma forma en que hacemos uso de los espacios de nombres propios de .NET.

Ejemplo 7.9

```fsharp
open System
//Importar mis espacios de nombres principal
```

```fsharp
open MyLibreria
//Importar el espacio de nombres con módulos dentro de él
open MyLibreria.Datos.LeerDato
open MyLibreria.Datos.MostrarDato

[<EntryPoint>]
let main argv =

    printf "Escribe un entero: "
    (*Hacer uso del método Leer.Entero de mi espacio de nombres
MyLibreria.LeerDato*)
    let entero = Leer.Entero()
    (*Hacer uso del método Mostrar.Dato de mi espacio de nombres
MyLibreria.MostrarDato*)
    Mostrar.Dato("El dato fue " + entero.ToString())

    (*Hacer uso del método Aleatorios.Enteros de mi espacio de
nombres MyLibreria*)
    let n1 = Aleatorios.Enteros()
    printfn "%d" n1
    (*Hacer uso del método Aleatorios.Flotantes de mi espacio de
nombres MyLibreria*)
    let n2 =Aleatorios.Flotemtes()
    printfn "%f" n2

    printfn ""

    (*Hacer uso del método Mensajes.Msg1 de mi espacio de nombres
MyLibreria*)
    let mutable str = Mensajes.Msg1()
    printfn "%s" str
    (*Hacer uso del método Mensajes.Msg2 de mi espacio de nombres
MyLibreria*)
    str <- Mensajes.Msg2()
    printfn "%s" str

    Console.ReadKey() |> ignore
    0
```

7.4 Archivos dll

Un archivo de tipo dll es un tipo especial de archivos el cual encapsula código de
F# tal como clases y estructuras pertenecientes a un espacio de nombres o
múdulos. A este tipo de archivos se les conoce como librerías o bibliotecas.

7.4.1 Creación y generación de una librería.

Es importante remarcar que la librería a crear no debe de contener al método main, esto debudo a que en si no se va a acrear un programa sino una librería de la cual puede hacer uso un programa. Para crear una librería procedemos de la siguiente manera:

- Creamos un nuevo proyecto de F# y seleccionamos la opción de biblioteca. Posteriormente asignamos el nombre a nuestro proyecto el cual debe de ser el mismo nombre que nuestra librería a crear.

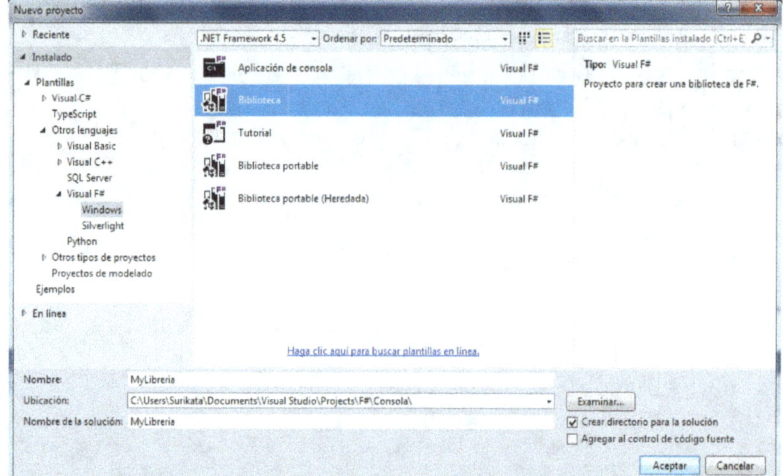

Fig. 7.5 Creación de un proyecto de librería en F#

- Una vez creado el proyecto de librería procedemos a escribir el código correspondiente a nuestra librería.

- Cuando hemos terminado de escribir el código correspondiente a nuestra librería nos dirijimos al menú **Compilar** y seleccionamos la opción **Generar**.

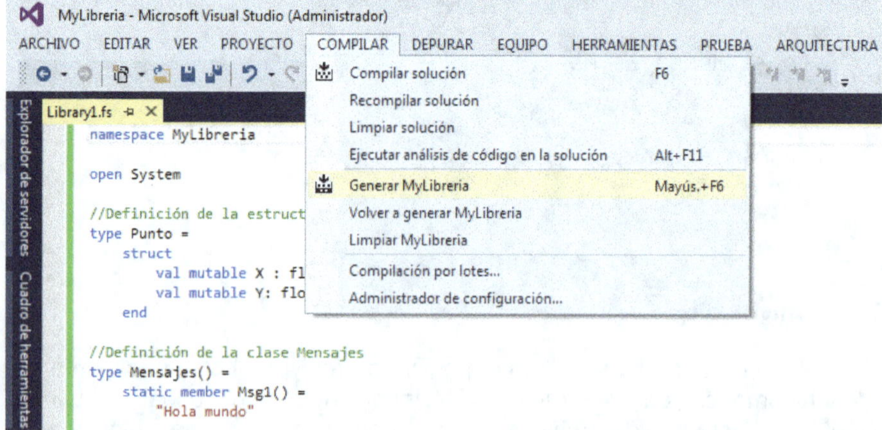

Fig. 7.6 Generación de la librería

- Una vez que hemos generado el archivo dll nos dirigimos a la carpeta del proyecto y vemos que se ha generado un **archivo dll** dentro de la carpeta **Debug** perteneciente al directorio **bin** (Proyecto\Proyecto\bin\debug).

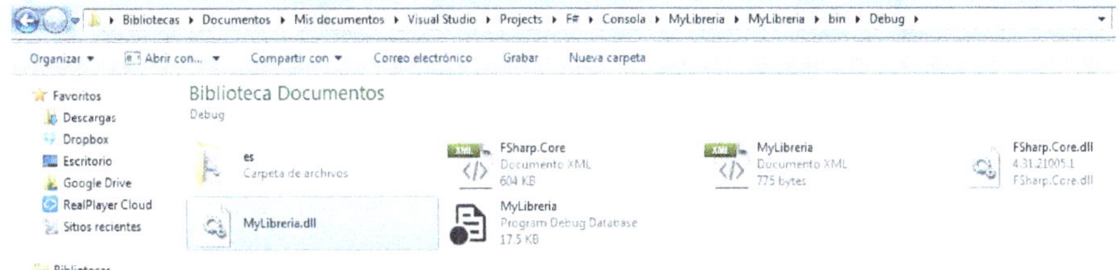

Fig. 7.7 Archivo dll generado

7.4.2 Añadir una librería dll a un proyecto.

Para probar el funcionamiento correcto de nuestra librería es necesario crear otro proyecto el cual haga uso de nuestra librería. Para esto:

- Copiamos nuestro archivo dll a nuestra ubicación favorita para ser importada (por ejemplo, podemos copiar el archivo dll al escritorio)

- Nos dirigimos al explorador de soluciones de nuestro proyecto.

- Damos click secundario sobre la carpeta de **Referencias** y seleccionamos la opción de **Agregar referencia**.

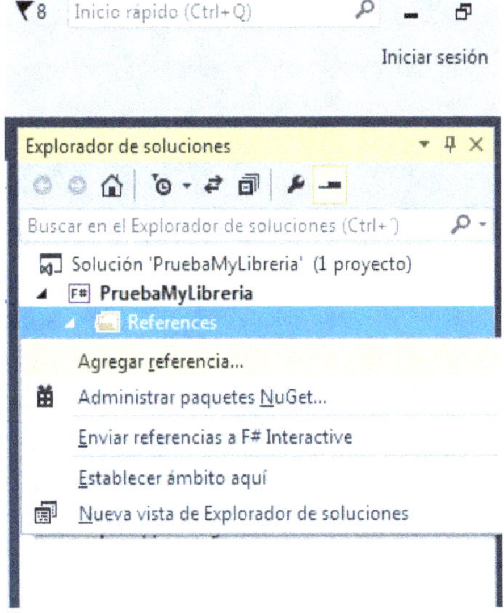

Fig. 7.8 Agregar una nueva referencia al proyecto

- Nos dirigimos a la opción Examinar y damos click sobre el **botón Examinar**.

- En el cuadro de diálogo desplegado nos **dirigimos a la ubicación de nuestro archivo dll**, lo seleccionamos y damos click en **agregar**.

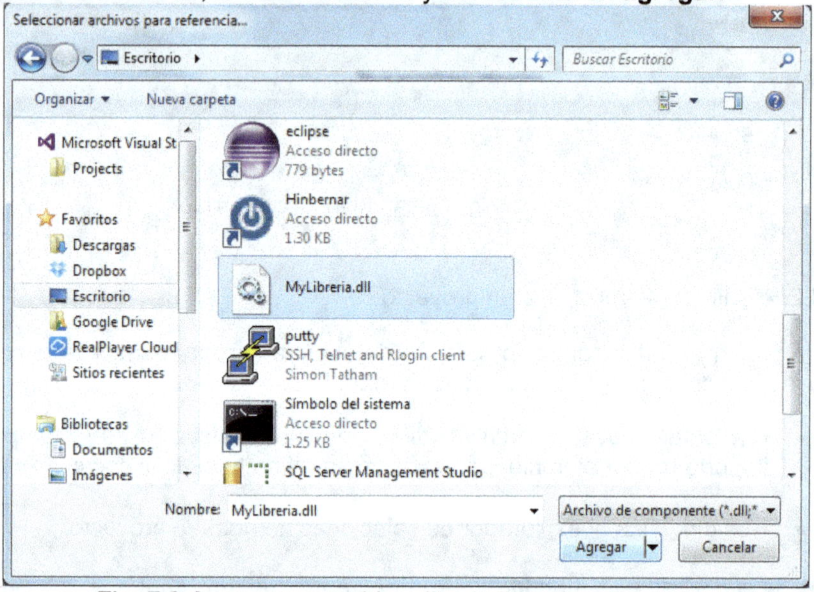

Seleccionar archivos para referencia...
Escritorio
Buscar Escritorio
Organizar
Nueva carpeta
Microsoft Visual St
Projects
Favoritos
Descargas
Dropbox
Escritorio
Google Drive
RealPlayer Cloud
Sitios recientes
Bibliotecas
Documentos
Imágenes
eclipse
Acceso directo
779 bytes
Hinbernar
Acceso directo
1.30 KB
MyLibreria.dll
putty
SSH, Telnet and Rlogin client
Simon Tatham
Símbolo del sistema
Acceso directo
1.25 KB
SQL Server Management Studio
Nombre: MyLibreria.dll
Archivo de componente (*.dll;*
Agregar
Cancelar

Fig. 7.9 Agregar un archivo dll a la lista de referencias

- Seleccionamos nuestra referencia añadida a la lista y damos click en aceptar.

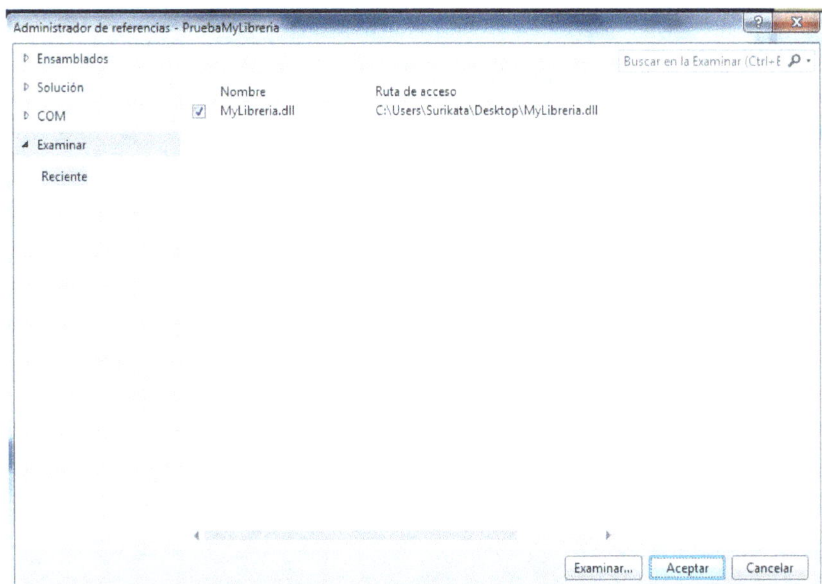

Fig. 7.10 Seleccionar la referencia a agregar al proyecto

- Una vez hecho esto nuestro archivo dll ya forma parte del proyecto. Se puede observar que nuestro archivo ahora sale en la lista de referencias.

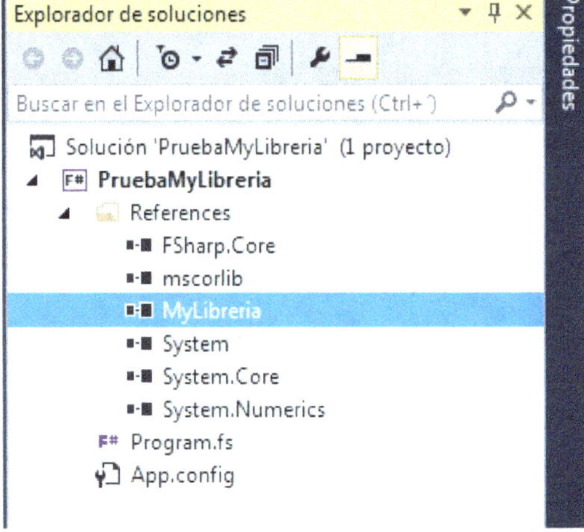

Fig. 7.11 Archivo dll añadido a la lista de referencias

7.4.3 Uso y llamada de un archivo dll en el proyecto.

Una vez que nuestro archivo dll forma parte de la lista de referencias de nuestro proyecto podemos hacer uso de éstos de la misma forma en que hacemos uso de los espacios de nombres propios de .NET.

Ejemplo 7.10

```fsharp
open System
//Importar nuestra librería
open MyLibreria
open MyLibreria.LeerDato
open MyLibreria.MostrarDato

[<EntryPoint>]
let main argv =

    printf "Escribe un entero: "
    (*Hacer uso del método Leer.Entero de mi espacio de nombres
MyLibreria.LeerDato*)
    let entero = Leer.Entero()
    (*Hacer uso del método Mostrar.Dato de mi espacio de nombres
MyLibreria.MostrarDato*)
    Mostrar.Dato("El dato fue " + entero.ToString())

    (*Hacer uso del método Aleatorios.Enteros de mi espacio de
nombres MyLibreria*)
    let n1 = Aleatorios.Enteros()
    printfn "%d" n1
    (*Hacer uso del método Aleatorios.Flotantes de mi espacio de
nombres MyLibreria*)
    let n2 =Aleatorios.Flotemtes()
    printfn "%f" n2

    printfn ""

    (*Hacer uso del método Mensajes.Msg1 de mi espacio de nombres
MyLibreria*)
    let mutable str = Mensajes.Msg1()
    printfn "%s" str
    (*Hacer uso del método Mensajes.Msg2 de mi espacio de nombres
MyLibreria*)
    str <- Mensajes.Msg2()
    printfn "%s" str

    Console.ReadKey() |> ignore
    0
```

7.5 Ejercicios resueltos.

Ejercicio 1: Hacer un espacio de nombres que permita hacer converciones entre distintos sistemas de medición. El espacio de nombres contiene la siguiente estructura:

- Namespace SistemasDeMedicion
    - Modulo temperatura
        - Función Celsius a Fharenheit
        - Función Celsius a Kelvin
        - Función Fharenheit a Celsius
        - Función Fharenheit a Kelvin
        - Función Kelvin a Celsius
        - Función Kelvin a Fharenheit
    - Módulo Longitudes
        - Función Metros a Pies
        - Función Pies a Metros
        - Clase SistemaMetricoDecimal
            - MetrosToMegametros(longitud : double)
            - MetrosToKilometros(longitud : double)
            - MetrosToHectometros(longitud : double)
            - MetrosToDecametros(longitud : double)
            - DecametrosToMetros(longitud : double)
            - HectometrosToMetros(longitud : double)
            - KilometrosToMetros(longitud : double)
            - MegametrosToMetros(longitud : double)
            - MetrosToDecimetros(longitud : double)
            - MetrosToCentimetros(longitud : double)
            - MetrosToMilimetros(longitud : double)
            - MilimetrosToMetros(longitud : double)
            - CentimetrosToMetros(longitud : double)
            - DecimetrosToMetros(longitud : double)
        - Clase Sistema inglés
            - PiesToMillas
            - PiesToYardas
            - PiesToPulgadas
            - PulgadasToPies
            - YardaToPies
            - MillasToPies

El código correspondiente al espacio de nombres es el siguiente:

```
namespace SistemasDeMedicion
```

```fsharp
open System

module Temperaturas=
    //°C a °F
    let CelsiusToFharenheit(grados : double) =
        let F = (1.8 * grados) + 32.0
        F


    //°C a °K
    let CelsiusToKelvin(grados : double) =
        let K = grados + 273.15
        K

    //°F a °C
    let FharenheitToCelsius(grados : double) =
        let C = (grados - 32.0) / 1.8
        C

    //°F a °K
    let FharenheitToKelvin(grados : double) =
        let K = (grados + 459.67) / 1.8
        K

    //°K a °C
    let KelvinToCelsius(grados : double) =
        let C = grados - 273.15
        C

    //°K a °F
    let KelvinToFharenheit(grados : double) =
        let F = (1.8 * grados) - 459.67
        F


module Longitudes =
    //Funcion usada para convertir del Sistema métrico al inglés
    let MetrosToPies(longitud : double) =
            let Dim = longitud / 0.3048
            Dim

    //Función usada para convertir del sistema inglpes al métrico
    let PiesToMetros(longitud : double) =
            let Dim = longitud * 0.3048
            Dim
```

```fsharp
type SistemaMetricoDecimal() =
    //m a Mm
    static member MetrosToMegametros(longitud : double) =
        let Dim = longitud / 10000.0
        Dim

    //m a Km
    static member MetrosToKilometros(longitud : double) =
        let Dim = longitud / 1000.0
        Dim

    //m a Hm
    static member MetrosToHectometros(longitud : double) =
        let Dim = longitud / 100.0
        Dim

    //m a Dm
    static member MetrosToDecametros(longitud : double) =
        let Dim = longitud / 10.0
        Dim

    //Dm a m
    static member DecametrosToMetros(longitud : double) =
        let Dm = longitud * 10.0
        Dm

    //Hm a m
    static member HectometrosToMetros(longitud : double) =
        let Dm = longitud * 100.0
        Dm

    //Km a m
    static member KilometrosToMetros(longitud : double) =
        let Dm = longitud * 1000.0
        Dm

    //Mm a m
    static member MegametrosToMetros(longitud : double) =
        let Dm = longitud / 10000.0
        Dm

    //m a dm
    static member MetrosToDecimetros(longitud : double) =
        let Dim = longitud * 10.0
        Dim
```

```fsharp
        //m a cm
        static member MetrosToCentimetros(longitud : double) =
            let Dim = longitud * 100.0
            Dim


        //m a mm
        static member MetrosToMilimetros(longitud : double) =
            let Dim = longitud * 1000.0
            Dim


        //mm a m
        static member MilimetrosToMetros(longitud : double) =
            let Dim = longitud / 1000.0
            Dim


        //cm a m
        static member CentimetrosToMetros(longitud : double) =
            let Dim = longitud / 100.0
            Dim


        //dm a m
        static member DecimetrosToMetros(longitud : double) =
            let Dim = longitud / 10.0
            Dim

type SistemaIngles() =
    //ft a Mi
    static member PiesToMilla(longitud : double) =
        let Dim = longitud / 5280.0
        Dim


    //ft a yd
    static member PiesToYarda(longitud : double) =
        let Dim = longitud / 3.0
        Dim


    //ft a in
    static member PiesToPulgada(longitud : double) =
        let Dim = longitud * 12.0
        Dim


    //in a ft
    static member PulgadaToPies(longitud : double) =
        let Dim = longitud / 12.0
        Dim
```

```fsharp
        //yd a ft
        static member YardaToPies(longitud : double) =
            let Dim = longitud * 3.0
            Dim

        //Mi a ft
        static member MillaToPies(longitud : double) =
            let Dim = longitud * 5280.0
            Dim
```

El código que implementa el espacio de nombres es el siguiente:

```fsharp
open System
open SistemasDeMedicion.Longitudes

[<EntryPoint>]
let main argv =

    printfn "Longitud 1 m"

    let mutable g = SistemaMetricoDecimal.MetrosToDecametros(1.0)
    printfn "1 m = %f Dm" g

    g <- SistemaMetricoDecimal.MetrosToHectometros(1.0)
    printfn "1 m = %f Hm" g

    g <- SistemaMetricoDecimal.MetrosToKilometros(1.0)
    printfn "1 m = %f Km" g

    g <- SistemaMetricoDecimal.MetrosToMegametros(1.0)
    printfn "1 m = %f Mm" g

    Console.ReadKey() |> ignore
    0
```

7.6 Ejercicios propuestos

Ejercicio 1: Redefinir el código correspondiente al espacio de nombres hecho en el
ejercicio 1 de la sección ejercicios resueltos para que únicamente haga uso de
espacios de nombres (namespace) sin módulos.

Ejercicio 2: Creau un archivo dll com que contenga la librería definida en el
ejercicio anterior.

Capítulo 8: Sobrecarga de operadores

La sobrecarga de operadores se da cuando un operador es capaz de desarrollar su función en varios contextos diferentes sin necesidad de otras operaciones adicionales.

8.1 Sobrecargar un operador.

Para sobrecargar un operador se debe de **asociar un método de tipo estático con un operador estándar**. Este método será llamado cuando el compilador detecte ese operador en un contexto específico. La sintaxis de sobrecarga de un operador es la siguiente:

static member ([operador]) ([parámetros]) =
    [Operacción]

Ejemplo 8.1

```
type A(x : float) =
    //Atributos de la clase
    //...

    //Sobrecarga del operador suma (+)
    static member (+) (a : A, b : A) =
        //...
```

8.2 Operadores que se pueden sobrecargar

Se pueden sobrecargar todos los **operadores estándar**. Comunmente se sobrecargan los operadores más usados como los binarios (+, -, *, /, %, &, ^, =) y los operadores por pareja (<>, <=, >=).

8.3 Usos de un operador dentro del código.

Para hacer uso de un operador el cual se quiere sobrecargar es necesario **definir la clase que lo contiene**. Una vez creada la clase se puede usar como cualquier otro tipo de dato.

Ejemplo 8.2

```fsharp
let main argv =
    let a1 = new A(3.0)
    let a2 = new A(2.0)

    //Uso del operador sobrecargado
    let a3 = a1 + a2

    Console.ReadKey() |> ignore
    0
```

8.4 Números complejos y sus operadores.

La siguiente clase nos permitirá trabajar con números complejos. La clase
contendrá los operadores sobrecargados suma (+) y resta (-).

8.4.1 Definición de la clase.

```fsharp
type Complejo(Real : float, Imaginario : float) =
    let mutable real = Real
    let mutable imaginario = Imaginario

    //Constructor sobrecargado
    new () = Complejo(0.0, 0.0)

    member this.AsignarComplejo(r : double, i : float) =
        real <- r
        imaginario <- i

    //Convertir el número complejo a String
    override this.ToString() =
        let mutable str = "(" + real.ToString()

        if imaginario >= 0.0
        then
            str <- str + "+"
        //else
            //str <- str + ""

        str <- str + imaginario.ToString() + "i)"

        str//Retornar el número complejo en string
```

```fsharp
    //DEFINICIÓN DE LOS OPERADORES SOBRECARGADOS
    static member (+) (x : Complejo, y : Complejo) =
        Complejo(x.Real + y.Real, x.Imaginario + y.Imaginario)

    static member (-) (x : Complejo, y : Complejo) =
        Complejo(x.Real - y.Real, x.Imaginario - y.Imaginario)

    //Propiedades de la clase
    member this.Real
        with get() =
            real
        and set(value) =
            real <- value

    member this.Imaginario
        with get() =
            imaginario
        and set(value) =
            imaginario <- value
```

8.4.2 Uso de la clase.

```fsharp
open System

[<EntryPoint>]
let main argv =
    let mutable a = new Complejo()
    let mutable b = new Complejo()
    let mutable c = new Complejo(1.5, 2.0)
    let mutable d = new Complejo()

    printfn "Número complejo:"
    printf "Parte real: "
    let re = Convert.ToDouble(Console.ReadLine())
    printf "Parte imaginaria: "
    let im = Convert.ToDouble(Console.ReadLine())

    a.AsignarComplejo(re, im)

    b <- a
    d <- a + b - c

    printfn "%s + %s - %s = %s" (a.ToString()) (b.ToString())
(c.ToString()) (d.ToString())

    Console.ReadKey() |> ignore
```

        0

8.5 Ejercicios resueltos.

Ejercicio 1: Definir la clase Fraccion y sobrecargar los operadores:

- Suma (+)
- Resta (-)
- Multiplicación (*)
- División (/)
- Igual (==)
- Distinto de (!=).

Incluir los métodos:

- Simplificar
- ToString (redefinodo)
- Parse.- Este método nos permitirá leer fracciones desde el teclado
- Fracción.- Este método se encargará de realizar la conversión implisita de un entero a Fracción.

Definir las propiedades:

- Numerador
- Denominador

El código correspondiente es el siguiente:

```fsharp
open System

type Fracción(Numerador : int, Denominador : int) as self =
    let mutable numerador = Numerador
    let mutable denominador = Denominador

    new(numerador : int) = Fracción(numerador, 1)

    member this.Simplificar() =
        let mutable mcd = Math.Abs(numerador)
        let mutable temp = denominador
        let mutable resto = 0

        while temp > 0
            do
            resto <- mcd % temp
```

```fsharp
            mcd <- temp
            temp <- resto
        done

        //Simplificar
        if mcd > 0
        then
            numerador <- numerador / mcd
            denominador <- denominador / mcd

        self//Retornar la fracción resultante

    //OPERADORES SOBRECARGADOS
    static member (+) (a : Fracción, b : Fracción) =
        Fracción((a.Numerador * b.Denominador) + (a.Denominador *
b.Numerador), a.Denominador * b.Denominador)

    static member (+) (a : Fracción, n : int) =
        Fracción((a.Numerador + a.Denominador * n), a.Denominador)

    static member (+) (n : int, a : Fracción) =
        Fracción((a.Numerador + a.Denominador * n), a.Denominador)

    static member (-) (a : Fracción, b : Fracción) =
        Fracción((a.Numerador * b.Denominador) - (a.Denominador *
b.Numerador), a.Denominador * b.Denominador)

    static member (-) (a : Fracción, n : int) =
        Fracción((a.Numerador - a.Denominador * n), a.Denominador)

    static member (-) (n : int, a : Fracción) =
        Fracción((a.Numerador - a.Denominador * n), a.Denominador)

    static member (*) (a : Fracción, b : Fracción) =
        Fracción((a.Numerador * b.Numerador) , (a.Denominador *
b.Denominador))

    static member (*) (a : Fracción, n : int) =
        Fracción((a.Numerador * n), a.Denominador)

    static member (*) (n : int, a : Fracción) =
        Fracción((a.Numerador * n), a.Denominador)

    static member (/) (a : Fracción, b : Fracción) =
        Fracción((a.Numerador * b.Denominador) , (a.Denominador *
b.Numerador))
```

```fsharp
    static member (/) (a : Fracción, n : int) =
        Fracción(a.Numerador, (a.Denominador * n))

    static member (/) (n : int, a : Fracción) =
        Fracción(a.Numerador, (a.Denominador * n))

    //Operador binario de igualdad
    static member (==) (a : Fracción, b : Fracción) =
        a.Numerador * b.Denominador = a.Denominador * b.Numerador

    //Operador binario de desigualdad
    static member (!=) (a : Fracción, b : Fracción) =
        a.Numerador * b.Denominador <> a.Denominador * b.Numerador
    //FIN DE LOS OPERADORES SOBRECARGADOS

    //Conversión implisita de enteros a fracción
    static member Fracción (n : int) =
        Fracción(n)//Retornar la fracción

    override this.ToString() =
        let mutable str = ""

        if denominador = 1
        then
            str <- String.Format("{0}", numerador)
        else
            str <- String.Format("{0}/{1}", numerador,
denominador)

        str

    //Método que permite leer fracciones desde teclado
    static member Parse(str : string) =
        let mutable num = 0
        let mutable den = 1

        let mutable ind = str.IndexOf('/')

        if ind > 0
        then
            num <- Convert.ToInt32(str.Substring(0, ind))

            if str.Substring(ind + 1).Length > 0
            then
                den <- Convert.ToInt32(str.Substring(ind + 1))
```

```fsharp
            if ind < 0
            then
                num <- Convert.ToInt32(str)

            Fracción(num, den)//Retornar la fracción

    //Propiedades de la clase
    member this.Numerador
        with get() =
            numerador
        and set(value) =
            numerador <- value

    member this.Denominador
        with get() =
            denominador
        and set(value) =
            denominador <- value

[<EntryPoint>]
let main argv =

    let mutable a = new Fracción(1, 2)
    let mutable b = new Fracción(4, 8)

    let mutable c = a * b
    c <- c.Simplificar()
    printfn "%s + %s = %s" (a.ToString()) (b.ToString())
(c.ToString())

    if a == b
    then
        printfn "Son equivalentes"
    else
        printfn "No son equivalentes"

    let d = Fracción 3
    let e = c - d
    printfn "%s - %s = %s" (c.ToString()) (d.ToString())
(e.ToString())

    Console.ReadKey() |> ignore
    0
```

8.6 Ejercicios propuestos.

Ejercicio 1: Definir la clase fracción como espacio de nombres para poder ser llamada a través de un open y ser usado como librería.

Capítulo 9: Manejo de archivos en .NET

9.1 Flojo de Bytes.

El fujo de bytes permite que un archivo sea leído o esrito byte a byte haciendo uso de la clase FileStream.

9.1.1 Clase FileStream

Esta clase es frecuentemete usada en el manejo de archivos debido a que nos permite leer y/o escribir bytes en un fichero. Proporciona el métodos **FileStream** entre otros el cual esta sobrecargado para recibir distintos parámetros. Los parámetros principales sobrecargados son:

- FileStream([Nombre del archivo], [Modo de archivo])
- FileStream([Nombre del archivo], [Modo de archivo], [Tipo de acceso])

El primero permite **crear un archivo para leer y escribir** mientras que el segundo hace lo mismo pero con la posibilidad de **especificar el tipo de acceso al archivo** (leer, escribir o ambos)

Algunos de los valores a tomar por FileMode (Modo de archivo) son:

- **CreateNew**.- Crea un nuevo fichero. Si existe se lanzará una excepción.
- **Truncate**.- Abre un fichero existente y si éste contiene datos los trunca a 0 butes de longitud.
- **Create**.- Crea un nuevo archivo. Si el archivo existe se sobreescribirá.
- **Open**.- abre un fichero existente.
- **OpenOrCreate**.- Abre un fichero y si no existe lo crea.
- **Append**.- Si el fichero existe lo abre para añadirle datos al final del mismo, si no existe crea un fichero nuevo.

Los valores a tomar por FileAccess (Tipo de acceso) son:

- **Read**.- Permite leer un fichero.
- **ReadWrite**.- Permite leer o escribir un archivo.
- **Write**.- Permite escribir en un archivo.

Para crear un archivo con FileAccess necesitamos importar la librería System.IO, definir un buffer de tipo matriz de bytes, crear un objeto de la clase FileStream y finalmente escribir el archivo haciendo uso del método write de FileStream.

Ejemplo 9.1

```
open System
```

```fsharp
open System.IO

[<EntryPoint>]
let main argv =
    //Declaración del objeto de la clase FileStream
    let mutable fs = null
    //Creación del buffer de bytes
    let mutable buffer = Array.create 81 ((byte) '0')

    let mutable car = 0
    let mutable nbytes = 0

    try
        try
            //Creación del objeto FileStream
            fs <- new FileStream("Archivo.txt", FileMode.Create,
FileAccess.Write)

            //leer la tecla pulsada
            car <- Console.Read()

            //Mientras no se haya pulsado enter y los bytes en el
fichero sean menor a 81
            while ((car.CompareTo((int)'\r') <> 0) && (nbytes <
81))
                do
                //Guardar los datos en la matriz del buffer
                buffer.[nbytes] <- (byte) car
                //Contar los bytes gusrdados en el archivo
                nbytes <- nbytes + 1
                //leer la tecla pulsada
                car <- Console.Read()
            done

            //Escribir los datos en el fichero
            fs.Write(buffer, 0, nbytes)
        with | ex ->
            printfn "Erro: %s " (ex.Message)
    finally
        //Si el fichero está abierto
        if fs <> null
        then
            //Cerrar el fichero
            fs.Close()

    Console.ReadKey() |> ignore
```

0

9.2 Flujo de caracteres.

Los datos de un archivo pueden ser escritos o leídos caracter por caracter en un formato UTF-8 utilizando las clases **StreamWriter** o **StreamReader**. La clase StreamWriter permite escribir caracteres en un fichero. Proporciona los siguientes constructores:

- StreamWriter([Nombre del archivo : string])
- StreamWriter([Flujo de datos : Stream])

El primer constructor abre un flujo para escribir en el fichero mientras que le segundo constructor hace lo mismo pero en un flujo existente de la clase Stream.

Al igual que con FileAccess, para crear un archivo con StreamWriter necesitamos importar la librería System.IO.

Ejemplo 9.2

```
open System
open System.IO

[<EntryPoint>]
let main argv =

    let mutable sw = null//Declaración del objeto StreamWriter
    let mutable fs = null//Declaración del objeto FileStream
    let mutable str = ""

    try
        try
            //Creación del objeto FileAcces
            fs <- new FileStream("texto.txt", FileMode.Append,
FileAccess.Write)

            //Creación del objeto StreamWriter
            sw <- new StreamWriter(fs)

            printfn "Escribe el texto a guardar. Salir con doble
enter\n"

            str <- Console.ReadLine()
```

```fsharp
            while str.Length <> 0
                do
                //Escribir en el archivo
                sw.WriteLine(str)

                str <- Console.ReadLine()
            done

        with | ex ->
            printfn "Error: %s " (ex.Message)
    finally
        if sw <> null
        then
            sw.Close()//Cerrar el StreamWriter
            sw <- null

        if fs <> null
        then
            fs.Close()//Cerrar el FileStream
            fs <- null

    Console.ReadKey() |> ignore
    0
```

La clase StreamReader permite leer caracteres en un fichero. Proporciona los siguientes constructores:

- StreamReader([Nombre del archivo : string])
- StreamReader([Flujo de datos : Stream])

El primer constructor abre un flujo para escribir en el fichero mientras que le segundo constructor hace lo mismo pero en un flujo existente de la clase Stream.

Ejemplo 9.3

```fsharp
open System
open System.IO

[<EntryPoint>]
let main argv =

    let mutable sr = null//Declaración del objeto StreamReader
    let mutable str = null
```

```
try
    try
        //Creación del objeto StreamReader
        sr <- new StreamReader("texto.txt")

        //Leer una línea del archivo
        str <- sr.ReadLine()

        while str <> null
            do
            //Mostrar el contenido leído
            printfn "%s" str

            //Leer una línea del archivo
            str <- sr.ReadLine()
        done

        printfn "\nFin del archivo"

    with | ex ->
        printfn "Error: %s " (ex.Message)
finally
    if sr <> null
    then
        sr.Close()//Cerrar el StreamReader
        sr <- null

Console.ReadKey() |> ignore
0
```

9.3 Clase File

Esta clase nos permite obtener y modificar las propiedades de un archivo a través de métodos definidos.

9.3.1 Copiar un archivo.

Para copiar un archivo hacemos uso del método **Copy** de la clase file. Dicho método recibe como parámetros la dirección del archivo a copiar y la dirección a la cual se va a copiar el archivo.

Ejemplo 9.4

```fsharp
open System
open System.IO

[<EntryPoint>]
let main argv =

    //Copiar un archivo
    File.Copy("texto.txt", @"C:\Copia Texto.txt")

    Console.ReadKey() |> ignore
    0
```

9.3.2 Leer un archivo de texto

La case file nos proporciona una manera fácil y cencilla de leer un archivo de texto sin hacer uso de un flujo de caracteres. Esto se hace a través del método **ReadAllText** el cual recibe como parámetro la dirección del archvo a leer.

Ejemplo 9.5

```fsharp
open System
open System.IO

[<EntryPoint>]
let main argv =

    //Leer el contenido del archivo
    let str = File.ReadAllText(@"C:\Copia Texto.txt")

    //Mostrar el contenido del archivo
    printfn "%s" str

    Console.ReadKey() |> ignore
    0
```

9.3.3 Crear un archivo de texto

Para esto la case file nos proporciona el método **WriteAllText** el cual recibe como parámetro la dirección del archvo a leer.

Ejemplo 9.6

```fsharp
open System
open System.IO

[<EntryPoint>]
```

```fsharp
let main argv =

    //Texto a ser gusrdado en un archivo
    let mutable str = "Texto a ser escrito en el archivo."
    str <- str + Environment.NewLine//Hacer un salto de línea
    str <- str + "Fue escrito a través de la clase File"

    //Crear un archivo de texto
    File.WriteAllText(@"C:\Archivo.txt", str)

    Console.ReadKey() |> ignore
    0
```

9.3.4 Determinar si un archivo existe

Una de las cuestiones más frecuentes cuando se trabaja con archivos es determinar si existe un determinado archivo o no. Para esto la clase file nos proporciona el método **Exists** el cual recibe como parámetro la dirección del archivo, este método retorna un dato de tipo booleano el cual va a ser **true** si el archivo existe y **false** si no existe.

Ejemplo 9.7

```fsharp
open System
open System.IO

[<EntryPoint>]
let main argv =

    //Determinar si el archivo existe
    let existe = File.Exists(@"C:\Archivo.txt")

    if existe
    then
        printfn "El archivo ya existe"
    else
        printfn "El archivo no existe"

    Console.ReadKey() |> ignore
    0
```

9.3.5 Eliminar un archivo

En el caso en el que lo que se quiera sea eliminar un archivo se debe de hacer uso del método **Delete** de la clase file el cual recibe como parámetro la ubicación del archivo a ser eliminado.

Ejemplo 9.8

```
open System
open System.IO

[<EntryPoint>]
let main argv =

    //Determinar si el archivo existe
    let existe = File.Exists(@"C:\Archivo.txt")

    if existe//Si el existe el archivo
    then
        File.Delete(@"C:\Archivo.txt")//Eliminar el archivo
        printfn "Archivo fue eliminado"

    Console.ReadKey() |> ignore
    0
```

9.3.6 Mover un archivo

Hasta el momento hemos visto como copiar un archivo, cómo determinar si un archivo existe y cómo eliminar un archivo, pero, ¿qué pasaría si lo que se quiere es mover un archivo de una ubicación a otra distinta? Podríamos pensar que una solución factible sería que primero copiemos el archivo a su nueva ubicación y después lo eliminemos de su ubicación original lo cual como solución al problema está bien pero siendo exigentes este proceso requiere de varias líneas de código (aunque éstas sean cortas). Es por esta razón que la clase file nos proporciona el método **Move** el cual recibe dos parámetros:

- La dirección de origen del archivo
- La dirección de destino del archivo

Ejemplo 9.9

```
open System
open System.IO

[<EntryPoint>]
let main argv =
```

```fsharp
    //Texto a ser gusrdado en un archivo
    let mutable str = "Texto a ser escrito en el archivo."
    str <- str + Environment.NewLine//Hacer un salto de línea
    str <- str + "Fue escrito a través de la clase File"

    //Crear un archivo de texto en el directorio local
    File.WriteAllText(@"Archivo.txt", str)

    //Si el archivo EXISTE en el directrio local
    if File.Exists(@"Archivo.txt")
    then
        printfn "Archivo creado en la carpeta local"

    //Si el archivo NO existe en el disco local C
    if File.Exists(@"C:\Archivo.txt") = false
    then
        printfn "El archivo no existe en el disco local C"

    //Mover el archivo del directorio local al disco local C
    File.Move(@"Archivo.txt", @"C:\Archivo.txt")

    //Si el archivo NO existe en el directrio local
    if File.Exists(@"Archivo.txt") = false
    then
        printfn "El archivo creado YA NO ESTA en la carpeta local"

    //Si el archivo EXISTE en el disco local C
    if File.Exists(@"C:\Archivo.txt")
    then
        printfn "El archivo ESTÁ en el disco local C"

    Console.ReadKey() |> ignore
    0
```

El método Move también puede ser utilizado para renombrar un archivo especificando en la dirección de destino del archivo la misma dirección pero con un nombre distinto.

Ejemplo 9.10

```fsharp
open System
open System.IO

[<EntryPoint>]
```

```fsharp
let main argv =

    //Renombrar un archivo
    File.Move(@"C:\Archivo.txt", @"C:\NuevoNombreArchivo.txt")

    Console.ReadKey() |> ignore
    0
```

9.3.7 Crear un archivo vació

Ya sabemos cómo crear un archivo de texto haciendo uso de la clase file, pero, ¿qué pasaría si quisiéramos crear algún otro archivo que no fuera un txt? Pues bien, la clase file nos permite crear cualquier tipo de archivo vacío a través del método **Create**, dicho método recibe como parámetro el nombre del archivo a ser creado y su extención.

Ejemplo 9.11

```fsharp
open System
open System.IO

[<EntryPoint>]
let main argv =

    //Creación de un archivo .jpg
    File.Create("imagen.jpg") |> ignore

    //Creación de un archivo .fs
    File.Create("codigo.fs") |> ignore

    //Creación de un archivo .docx (word)
    File.Create("documento1.docx") |> ignore

    Console.ReadKey() |> ignore
    0
```

La creación de un archivo vacío no es de gran utilidad a menos que definamos su contenido a través de código.

9.4 Clase Directory

Esta clase nos permite trabajar con directorios o carpetas a través de propiedades predefinidas.

9.4.1 Determinar si un directorio existe

Una de las primeras cuestiones que se nos presentan al moemento de trabajar con directorios es determinara si un dterminado directorio existe. Para esto la clase directory proporciona el método **Exists** el cual recibe como parámetro el nombre del directorio.

Ejemplo 9.11

```fsharp
open System
open System.IO

[<EntryPoint>]
let main argv =

    //Determinar si el directorio existe
    let existe = Directory.Exists(@"C:\Mis Archivos")

    if existe
    then
        printfn "El diectorio ya existe"
    else
        printfn "El directorio no existe"

    Console.ReadKey() |> ignore
    0
```

9.4.2 Crear un directorio

Para crear un nuevo directorio la clase directory proporciona el método **CreateDirectory** el cual recibe como parámetro el nombre del directorio a crear.

Ejemplo 9.13

```fsharp
open System
open System.IO
```

```fsharp
[<EntryPoint>]
let main argv =

    //Determinar si el directorio existe
    let existe = Directory.Exists(@"C:\Mis Archivos")

    if existe
    then
        printfn "El diectorio ya existe"
    else//Si el directorio NO existe
        //Crear el directorio
        Directory.CreateDirectory(@"C:\Mis Archivos") |> ignore
        printfn "Directorio creado"

    Console.ReadKey() |> ignore
    0
```

9.4.3 Obtener los archivos en un directorio

Para poder conocer los archivos que se encuentran dentro de un directorio la clase directory proporciona el método **GetFiles** el cual recibe como parámetro en nombre del directorio y retorna una matriz d tipo string con los nombres de los archivos contenidos en el directorio.

Ejemplo 9.14

```fsharp
open System
open System.IO

[<EntryPoint>]
let main argv =

    //Obtener los archivos en un directorio
    let archivos = Directory.GetFiles(@"C:\")

    //Determinar el número de archivos
    let n = archivos.Length
    printfn "El directorio tiene %d archivos" (n - 1)

    //Mostrar los archivos del directorio
    for i in 0..(n - 1)
        do
        printfn "%s" archivos.[i]
    done
```

```fsharp
    Console.ReadKey() |> ignore
    0
```

9.4.4 Obtener los subdirectorios de un directorio

Si lo que se quiere es conocer los directorios dentro de un directorio o subdirectorios se debe de hacer uso del método **GetDirectories** el cual recibe como parámetro el nombre del directorio y retorna una matriz de tipo string con los nombres de los subdirectorios contenidos en el directorio.

Ejemplo 9.15

```fsharp
open System
open System.IO

[<EntryPoint>]
let main argv =

    //Obtener los subdirectorios en el directorio
    let directorios = Directory.GetDirectories(@"C:\")

    //Determinar el número de subdirectorios
    let n = directorios.Length
    printfn "El directorio tiene %d subdirectorios" (n - 1)

    //Mostrar los subdirectorios
    for i in 0..(n - 1)
        do
        printfn "%s" directorios.[i]
    done

    Console.ReadKey() |> ignore
    0
```

9.4.5 Mover un directorio

Para mover un directorio de ubicación la clase directory proporciona el método **Move** el cual recibe dos parámetros:

- La dirección de origen del directorio
- La dirección de destino del directorio

Ejemplo 9.16

```
open System
open System.IO

[<EntryPoint>]
let main argv =

    //Mover un directorio de ubicación
    Directory.Move(@"C:\Mis Archivos", @"C:\Mis archivos copia\Mis
Archivos")

    Console.ReadKey() |> ignore
    0
```

Al igual que con los archivos, el método Move también puede ser usado para renombrar un directorio.

Ejemplo 9.17

```
open System
open System.IO

[<EntryPoint>]
let main argv =

    //Renombrar un directorio
    Directory.Move(@"C:\Mis archivos copia", @"C:\Nuevos
archivos")

    Console.ReadKey() |> ignore
    0
```

9.4.6 Eliminar un directorio

En el caso en el que lo que se quiera sea eliminar un directorio se debe de hacer uso del método **Delete** de la clase directory el cual recibe como parámetro la ubicación del directorio a ser eliminado.

Ejemplo 9.18

```
open System
open System.IO
```

```fsharp
[<EntryPoint>]
let main argv =

    //Eliminar un directorio
    Directory.Delete(@"C:\ Nueva carpeta")

    Console.ReadKey() |> ignore
    0
```

Es importante tener en cuanta que **para poder eliminar un directorio éste debe de estar vacío**. Por tal motivo, si queremos eliminar un directorio que contiene archivos primero debemos de eliminar los archivos del directorio y luego el directorio. Una solución a este problema es plantear un **método recursivo** que se encarge de dicha tarea.

9.5 Clase Path

Esta clase nos permite trabajar con los archivos y directorios, pero sin acceder a su contenido.

9.5.1 Obtener el nombre de un archivo

Para obtener le nombre de un archivo la clase Path proporciona el método **GetFileName** el cual recibe como parámetro el nombre del archivo.

Ejemplo 9.19

```fsharp
open System
open System.IO

[<EntryPoint>]
let main argv =
    //Obtener los archivos en disco local C
    let archivos = Directory.GetFiles(@"C:\")

    //Obtener el número de archivos
    let n = archivos.Length

    printfn "Nombre del archivo con su ubucación:"
    for i in 0..(n - 1)
        do
```

```fsharp
        printfn "%s" archivos.[i]
    done

    printfn ""

    printfn "Nombre del archivo:"
    let mutable nombre = ""
    for i in 0..(n - 1)
        do
        //Obtener el nombre del archivo
        nombre <- Path.GetFileName(archivos.[i])
        //Mostrar el nombre del archivo
        printfn "%s" nombre
    done

    Console.ReadKey() |> ignore
    0
```

9.5.2 Obtener el nombre de un archivo sin su extensión

Si lo que se quiere es obtener únicamente el nombre de un archivo sin su extensión la clase path proporciona el método **GetFileNameWithoutExtension** el cual recibe como parámetro el nombre del archivo.

Ejemplo 9.20

```fsharp
open System
open System.IO

[<EntryPoint>]
let main argv =
    //Obtener los archivos en disco local C
    let archivos = Directory.GetFiles(@"C:\")

    //Obtener el número de archivos
    let n = archivos.Length

    printfn "Nombre del archivo si su extensión:"
    let mutable nombre = ""
    for i in 0..(n - 1)
        do
        //Obtener el nombre del archivo
        nombre <- Path.GetFileNameWithoutExtension(archivos.[i])
```

```fsharp
        //Mostrar el nombre del archivo
        printfn "%s" nombre
    done

    Console.ReadKey() |> ignore
    0
```

9.5.3 Obtener la extensión de un archivo

Algunas veces lo único que nos intereza es conocer la exteción de un archivo,
para esto la clase path proporciona el método **GetExtension** el cual recibe como
parámetro el nombre del archivo.

Ejemplo 9.21

```fsharp
open System
open System.IO

[<EntryPoint>]
let main argv =
    //Obtener los archivos en disco local C
    let archivos = Directory.GetFiles(@"C:\")

    //Obtener el número de archivos
    let n = archivos.Length

    printfn "Nombre del archivo si su extensión:"
    let mutable extensión = ""
    for i in 0..(n - 1)
        do
        //Obtener la extensión del archivo
        extensión <- Path.GetExtension(archivos.[i])
        //Mostrar la extensión del archivo
        printfn "%s" extensión
    done

    Console.ReadKey() |> ignore
    0
```

9.5.4 Obtener la ruta completa de acceso a un archivo

Si lo que se quiere es obtener la ruta completa de un archivo podemos acceder a esta haciendo uso del método **GetFullPath** el cual recibe como parámetro el nombre del archivo.

Ejemplo 9.22

```fsharp
open System
open System.IO

[<EntryPoint>]
let main argv =
    //Obtener los archivos en disco local C
    let archivos = Directory.GetFiles(@"C:\")

    //Obtener el número de archivos
    let n = archivos.Length

    printfn "Nombre del archivo con su extensión:"
    let mutable nombre = ""
    for i in 0..(n - 1)
        do
        //Obtener la ruta absoluta del archivo
        nombre <- Path.GetFullPath(archivos.[i])
        //Mostrar la ruta absoluta del archivo
        printfn "%s" nombre
    done

    Console.ReadKey() |> ignore
    0
```

9.5.5 Obtener el nombre del directorio paterno

Si pensamos en la estructura de los directorios como si se tratase de un árbol, el directorio paterno es aquel nodo inmediatamente superios a la ubicación actual en la que estamos. Para conocer dicho directorio la clase path proporciona el método **GetDirectoryname** el cual recibe como parámetro una ubicación específica.

Ejemplo 9.23

```fsharp
open System
```

```
open System.IO

[<EntryPoint>]
let main argv =
    //Obtener el directorio padre
    let
nombre=Path.GetDirectoryName(@"C:\Users\Surikata\Documents")
    printfn "%s" nombre

    Console.ReadKey() |> ignore
    0
```

9.6 Flujo de datos primitivos

Los datos primitivos son aquellos tipos de datos usados y/o soportados por el
lenguaje de programación. Algunos tipos de datos primitivos son: string, int,
doublé, float (o single), char, boolean, etc. Para trabajar con datos primitivos .NET
proporciona las clases BiraryWriter y BinariReader.

9.6.1 BinaryWriter

Esta clase permite a una aplicación escribir datos primitivos en un archivo. El
constructor de la clase recibe como parámetro un objeto de la clase **FileStream**.
Una vez que hemos creado un objeto de la clase podemos escribir datos primitivos
en un archivo a través de método predefinido **Wirte**.

Ejemplo 9.24

```
open System
open System.IO

[<EntryPoint>]
let main argv =

    let mutable nom = ""
    let mutable tel = 0

    let mutable bw = null
    let mutable fs = null

    try
        try
            //Creación del objeto FileStream
```

```fsharp
            fs <- new FileStream("Datos", FileMode.Append,
FileAccess.Write)
            //Creación del objeto BinaryWriter
            bw <- new BinaryWriter(fs)

            printfn "Salir con enter"

            //Pedir el nombre
            printf "Nombre: "
            //Guardar el nombre
            nom <- Console.ReadLine()

            //Mientras se haya escrito algo
            while nom.Length <> 0
                do
                //Pedir el teléfono
                printf "Teléfono: "
                //Guardar el teléfono
                tel <- Convert.ToInt32(Console.ReadLine())

                //Escribir datos binarios en el archivo
                bw.Write(nom)
                bw.Write(tel)

                //Pedir el nombre
                printf "Nombre: "
                //Guardar el nombre
                nom <- Console.ReadLine()
            done
        with
            | ex ->
                Console.Clear()//Limpiar la pantalla

                //Mostrar mensaje de error
                printfn "Error: %s " (ex.Message)
    finally
        if bw <> null
        then
            bw.Close()
            bw <- null
        if fs <> null
        then
            fs.Close()
            fs <- null

Console.ReadKey() |> ignore
```

0

9.6.2 BinaryReader

La clase BirariReader contraria a la clase BinaryWriter permite a una aplicación leer datos primitivos de un archivo. El constructor de la clase recibe como parámetro un objeto de la clase **FileStream**. Una vez que hemos creado un objeto de la clase podemos leer datos primitivos de un archivo a través de métodos predefinidos como **ReadString( )**, **ReadInt32( )**, **ReadSingle( )**, etc.

Ejemplo 9.25

```
open System
open System.IO

[<EntryPoint>]
let main argv =
    let mutable nom = ""
    let mutable tel = 0
    let mutable br = null
    let mutable fs = null

    try
        try
            //Creación del objeto FileStream
            fs <- new FileStream("Datos", FileMode.Open,
FileAccess.Read)
            //Creación del objeto BinaryWriter
            br <- new BinaryReader(fs)

            printfn "Contenido del archivo:"
            //Leer un dato string del archivo
            nom <- br.ReadString()

            //Ciclo usado para acceder a los datos del archivo
            while true
                do
                //Leer un dato int del archivo
                tel <- br.ReadInt32()

                //Mostrar los datos
                printfn "Nombre: %s" nom
                printfn "Teléfono: %d" tel
```

```fsharp
                //Leer un dato string del archivo
                nom <- br.ReadString()
            done
        with
            | ex ->
                printfn "\nFin del archivo"
    finally
        if br <> null
        then
            br.Close()
            br <- null
        if fs <> null
        then
            fs.Close()
            fs <- null

    Console.ReadKey() |> ignore
    0
```

9.7 Ejercicios resueltos

Ejercicio 1: Definir un método recursivo que permita eliminar un directorio que no
esté vacío.

```fsharp
open System
open System.IO

//Función recursiva
let rec EliminarDirectorio nombre =
    //Si el directorio existe
    if Directory.Exists(nombre)
    then
        //Obtener los archivos del directorio
        let archivos = Directory.GetFiles(nombre)

        //Obtener el número de archivos
        let mutable n = archivos.Length

        //Si el directorio contiene archivos
        if n > 0
        then
            //Eliminar los archivos
            for i in 0..(n - 1)
```

```fsharp
                do
                    File.Delete(archivos.[i])
            done

        //Obtener los subdirectorio
        let dir = Directory.GetDirectories(nombre)

        //Obtener el número de subdirectorios
        n <- dir.Length

        //Si el directorio contiene subdirectorios
        if n > 0
        then
            //Eliminar el subdirectorio
            for i in 0..(n - 1)
                do
                //llamada recursiva al método
                EliminarDirectorio dir.[i]
            done

        //Eliminar el directorio
        Directory.Delete(nombre)


[<EntryPoint>]
let main argv =
    //Pedir el nombre del directorio a eliminar
    printf "Directorio a borrar: "
    //Guardar el nombre del directorio a borrar
    let dir = Console.ReadLine()

    //Eliminar el directorio
    EliminarDirectorio dir

    printfn "Directorio eliminado"

    Console.ReadKey() |> ignore
    0
```

Ejercicio 2: Hacer un programa que emule la consola de comandos de Windows. El programa deberá hacer uso de los comandos:

- **cd** para cambiar de ubicación de directorio
- **dir** para mostar el contenido de un directorio
- **cls** para limpiar la pantalla

- **mk** para crear un nuevo directorio
- **rd** para eliminar un directorio
- **exit** para salir

```fsharp
open System
open System.IO

[<EntryPoint>]
let main argv =
    let mutable url = @"c:\"
    let mutable contenido = Directory.GetDirectories(url)
    let mutable n = 0

    //Mostrar la ubicación actual (raíz)
    printf "%s>" url

    //Esperar un comando
    let mutable comando = Console.ReadLine()

    //Mientras el comando no sea exit
    while comando <> "exit"
        do
        try
            if comando.StartsWith("dir")//Comando dir
            then
                //Obtener los subdirectorios
                contenido <- Directory.GetDirectories(url)

                //Determinar el número de subdirectorios
                n <- contenido.Length

                if n > 0//Si existen subdirectorios
                then
                    //Mostrar los subdirectorios
                    for i in 0..(n - 1)
                        do
                            printfn "%s\t\t<DIR>" contenido.[i]
                    done
                else
                    printfn "Directorios: %d" n

                //Obtener los archivos
                contenido <- Directory.GetFiles(url)
```

```fsharp
                //Determinar el número de archivos
                n <- contenido.Length

                if n > 0//Si existen archivos
                then
                    //Mostrar los archivos
                    for i in 0..(n - 1)
                        do
                        let archivos =
Path.GetFileName(contenido.[i])

                        printfn "%s\t\t<FILE>" archivos
                    done
                else
                    printfn "Archivos: %d" n
            elif comando.StartsWith("cls")//Comando cls
            then
                Console.Clear()//Limpiar la pantalla
            elif comando.StartsWith("cd")//Comando cd
            then
                if comando = "cd.."
                then
                    //Ir al directorio superior inmediato
                    url <- Directory.GetParent(url).ToString()
                    url <- Directory.GetParent(url).ToString()

                    //Si la url no termina con \
                    if url.EndsWith(@"\") = false
                    then
                        //Añadir la \
                        url <- url + @"\"
                else
                    //Obtener la url de la carpeta destino
                    comando <- comando.Substring(3)

                    //Si la url no termina con \
                    if comando.EndsWith(@"\") = false
                    then
                        //Añadir la \
                        comando <- comando + @"\"

                    //Si la nueva url existe
                    if Directory.Exists(url + comando)
                    then
                        //Guardar la url
                        url <- url + comando
```

```fsharp
                else//Si no existe la url
                    //Si el comando es una url
                    if Directory.Exists(comando)
                    then
                        //Guardar la url
                        url <- comando
                    else
                        printfn "Directorio no válida"
        elif comando.StartsWith("mk")//Comando mk
        then
            //Obtener el nombre del directori a crear
            comando <- comando.Substring(3)

            //Establecer la dirección del direcotio
            comando <- url + comando

            //Si el directorio no existe
            if Directory.Exists(comando) = false
            then
                //Crear el directorio
                Directory.CreateDirectory(comando) |> ignore
            else
                printfn "El directorio ya existe\n"
        elif comando.StartsWith("rd")//Comando rd
        then
            //Obtener el nombre del directori a crear
            comando <- comando.Substring(3)

            //Establecer la dirección del direcotio
            comando <- url + comando

            //Eliminar el directorio
            Directory.Delete(comando)
        else
            printfn "Comando no válido"

        //Mostrar la ubicación actual (url)
        printf "%s>" url

        //Esperar un comando
        comando <- Console.ReadLine()
    with | ex ->
        printfn "%s " (ex.Message)
done

0
```

Ejercicio 3: hacer un programa que simule una agenda y nos permita guardar el nombre y el teléfono de nuestros contactos. El programa deberá de contar con las siguientes características:

- Debe de hacer uso de la clase StreamWriter.
- Debe de implementar el siguiente menú:
    - Nuevo contacto
    - Buscar contacto
    - Mostrar todos los contactos
    - Eliminar contacto
    - Salir

Archivo: DatosContacto.fs

```fsharp
namespace DatosContacto

open System

type Contacto(Nombre : string, Telefono : string) =
    let mutable nom = Nombre
    let mutable tel = Telefono

    //Constructor sin parámetros
    new() = Contacto("", "")

    member public this.Nombre
        with get() =
            nom
        and set(value) =
            nom <- value

    member public this.Telefono
        with get() =
            tel
        and set(value) =
            tel <- value
```

Archivo: Program.fs

```fsharp
open System
open System.IO
open System.Collections.Generic
open DatosContacto
```

```fsharp
[<EntryPoint>]
let main argv =
    let mutable opc, str, nom, tel = "", "", "", ""
    let mutable DatosAgenda = new List<DatosContacto.Contacto>()

    let mutable sr = null//Declaración del objeto StreamReader

    //Cargar los datos del archivo
    try
        try
            //Si existe el archivo agenda.txt
            if File.Exists("agenda.txt")
            then
                //Cargar el archivo
                sr <- new StreamReader("agenda.txt")

                //Leer una línea del archivo
                str <- sr.ReadLine()

                //Mientras el archivo contenga datos
                while str <> null
                    do
                    //Guardar el nombre leído del archivo
                    nom <- str

                    //leer una línea del archivo
                    str <- sr.ReadLine()
                    //Guardar el teléfono leído del archivo
                    tel <- str

                    //Guardar el contacto leído en la lista
                    DatosAgenda.Add(new Contacto(nom, tel))

                    //Leer una línea del archivo
                    str <- sr.ReadLine()
                done
        with | ex ->
            printfn "Error: %s " (ex.Message)
    finally
        //Si el objeto sr es distinto de nulo
        if sr <> null
        then
            sr.Close()//Cerrar el StreamReader
            sr <- null

    //Mientras opc sea distinto de "s"
```

```fsharp
    while opc <> "s"
        do
        Console.Clear()
        printfn "Nuevo contacto (n)"
        printfn "Buscar contacto (b)"
        printfn "Mostar todos los contactos (m)"
        printfn "Eliminar contacto (e)"
        printfn "Salir (s)"

        //Guardar la opción espesificada
        opc <- Console.ReadLine().ToLower()
        Console.Clear()

        match opc with
            |"n"->
                printfn "NUEVO CONTACTO\n"

                printf "Nombre: "
                nom <- Console.ReadLine()

                printf "Teléfono: "
                tel <- Console.ReadLine()

                //Añadir el nuevo contacto a la agenda
                DatosAgenda.Add(new Contacto(nom, tel))

                printfn "\n¡Contacto guardado!\n"

            |"b"->
                let mutable b = false
                printfn "BUSCAR CONTACTO\n"

                printf "Nombre del contacto a buacar: "
                nom <- Console.ReadLine().ToLower()

                //Establecer cuantos contactos tiene la agennda
                let n = DatosAgenda.Count

                //Recorrer la lista de contactos
                for i in 0..(n - 1)
                    do
                    if DatosAgenda.[i].Nombre.ToLower() = nom
                    then
                        printfn "Nombre: %s\nTeléfono: %s\nNúmero
de contacto: %d\n" DatosAgenda.[i].Nombre DatosAgenda.[i].Telefono
(i + 1)
```

```fsharp
                        b <- true
                done

                if b = false
                then
                    printfn "No se encontró ningun contacto\n"

            |"m"->
                printfn "LISTA DE CONTACTOS\n"

                //Establecer cuantos contactos tiene la agennda
                let n = DatosAgenda.Count

                //Recorrer la lista de contactos
                for i in 0..(n - 1)
                    do
                    printfn "Nómbre: %s\nTeléfono: %s\nNúmero de
contacto: %d\n" DatosAgenda.[i].Nombre DatosAgenda.[i].Telefono (i
+ 1)

                done

            |"e"->
                printfn "ELIMINAR CONTACTO\n"

                printf "Número de contacto a borrar: "
                let n = Convert.ToInt32(Console.ReadLine()) - 1

                //Eliminar el contacto de la lista
                DatosAgenda.RemoveAt(n)

                printfn "¡Contacto eliminado!\n"

            |"s"->
                let mutable sw = null//Declaración del objeto
StreamWriter
                let mutable fs = null//Declaración del objeto
FileStream

                try
                    try
                        //Guardar los cambios hechos
                        fs <- new FileStream("agenda.txt",
FileMode.Create, FileAccess.Write)
                        sw <- new StreamWriter(fs)

                        //Contar contactos en la agenda
```

```fsharp
                    let n = DatosAgenda.Count

                    //Recorrer la lista de contactos
                    for i in 0..(n - 1)
                        do
                        //Guardar los datos en el archivo
                        sw.WriteLine(DatosAgenda.[i].Nombre)
                        sw.WriteLine(DatosAgenda.[i].Telefono)
                    done
                with | ex->
                    printf "Error: %s" ex.Message
            finally
                if sw <> null
                then
                    sw.Close()
                    sw <- null

                if fs <> null
                then
                    fs.Close()
                    fs <- null

        Console.Clear()

        |_->
            printfn "Opción no válida"

    printfn "Presione una tecla para continuar"
    Console.ReadKey() |> ignore
    done

    0
```

9.8 Ejercicios propuestos

Ejercicio 1: modificar el ejercicio 9.3.7 correspondiente a la agenda en la sección ejercicios resueltos para que incorpore los datos de dirección y correo electrónico.

Ejercicio 2: modificar el ejercicio 9.3.7 correspondiente a la agenda en la sección ejercicios resueltos para que ahora haga uso de BinaryWriter y BinaryReader en lugar de StreamWriter y StreamReader

Capítulo 10: Interfaces gráficas de usuario

Una interfaz gráfica de usuario (GUI por sus siglas en inglés) es aquélla que incorpora una apariencia visual más accesible para el usuario haciendo uso de componentes visuales tales como botones, tablas, formularios, menús, barras de herramientas, etcétera.

10.1 Componentes necesarios para la creación de un formulario.

F# nos permite crear aplicaciones de Windows haciendo uso de la **Programación Orientada a Objetos** (POO). Para crear una aplicación de Windows es necesario defininir una clase que herede a la clase **System.Windows.Forms.Form** e implemente cada objeto que formará parte de nuetro formulario. Además tenemos que hacer uso de las librerías **System.Drawing** y **System.Windows.Forms**.

Para añadir las librerías System.Windows.Forms y System.Drawing (o cualquier otra librería necesaria) procedemos de la siguiente manera:

1. Nos dirijimos al explorador de soluciones.
2. Desplegamos la solución de nuetro proyecto y ubicamos la carpeta **References**.
3. Damos click secundario sobre la carpeta References y seleccionamos la opción de **Añadir referencia**.
4. Seleccionamos las librerías a añadir (System.Windows.Forms y System.Drawing, las cuales pertenecen al Framework de .NET) y damos click en aceptar.

Una vez añadidas nuetras librerías al proyecto podemos hacer uso de éstas a través de la sentencia open.

Posteriormente, procedemos a crear el archivo que va a contener nuestro formulario. Podemos tener tantos formularios como lo requiera nuestro programa. En el caso del formulario principal es recomendable llamar al archivo "**MainForm.fs**". Esto significa que nuestar aplicación de Windows deberá de contener mínimo dos archivos de código fuente:

1. El "MainForm.fs" que es el archivo que contendrá el código correspondiente a nuestro formulario principal.
2. El "MainProgram.fs" que es el archivo que contendrá la función main encargada de lanzar nuetra aplicación de Windows.

Es importante destacar que el si un archivo hace uso de otro, el archivo del cual se va a hacer uso debe de existir antes, en este caso, primero debe de existir el archivo "MainForm.fs" y posteriormente el archivo "MainProgram.fs" dado que el archivo "MainProgram.fs" hace uso del archivo "MainForm.fs". En la figura 10.1 se aprecia dicho orden de los archivos.

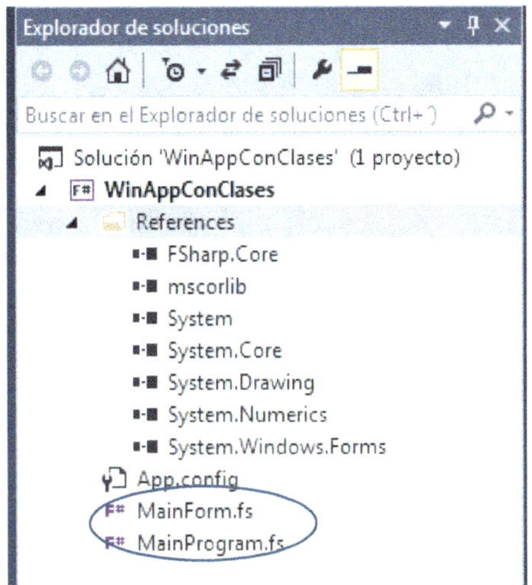

Fig. 10.1 Orden de existencia de los archivos

Es de vital importancia hacer uso de los atributos **[<EntryPoin>]** (si es que nuestro programa hará uso del método main) y **[<STAThread>]** los cuales deben de anteceder a la función main. En el ejemplo 10.1 se aprecia el código que debe de ir en el archivo MainProgram.

Ejemplo 10.1

```fsharp
open System
open System.Drawing
open System.Windows.Forms
open MainForm

[<EntryPoint>]
[<STAThread>]
let main argv =
    //Espacio para la creación del objeto del formulario

    //Inicializar los componentes del formulario.

    //Obtener la apariancia del tema actual de Windows
    Application.EnableVisualStyles()

    //Correr el formulario

    0
```

10.2 Creación de un formulario principal.

La creación del formulario principal se realiza en el archivo "**MainForm.fs**" el cual contiene todos los objetos que forman parte de nuestar aplicación tales como botones, tablas, etiquetas, etc. Es en este archivo en donde se definen y se programa los eventos a los cuales va a reaccionar nuestar aplicación.

Ejemplo 10.2

```fsharp
module MainForm

open System
open System.Drawing
open System.Windows.Forms

//ESPACIO PARA LA DECLARACIÓN DE LOS OBJETOS DEL FORMULARIO
//Objetos del formulario
//...

//ESPACIO PARA LA DECLARACIÓN DE LOS EVENTOS DEL LA APLICACIÓN
//Eventos
//...

//CLASE A PARTIR DE LA CUAL SE VA A CREAR EL FORMULARIO
type MainForm() as self =
    inherit Form()//Herencia a Form

    //Método que inicializa los componentes del formulario
    member public this.InitCimponents() =
        //CONFIGURACIÓN DE LA VENTANA PRINCIPAL
        //Asignación de propiedades
        //...
        //Asignación de eventos
        //...

        //CONFIGURACIÓN DE LOS OBJETOS
        //Asignación de propiedades
        //...
        //Asignación de eventos
        //...

        //ESPACIO PARA AÑADIR LOS COMPONENTES AL FORMULARIO
```

En el ejemplo 10.2 se aprecia la estructura del archivo "**MainForm.fs**". Dicho archivo contiene la clase MainForm la cual implementa un método llamado "**InitComponentes**", este método es el encargado de configurar todo nustro formulario.

10.3 Componentes básicos de la IGU.

Los coponentes de la IGU son todos los objetod visuales que forman parte de la interfaz tales como barras de menús, botones, etiquetas, tablas, etc. Los componentes básicos de una IGU son:

- Form
- Label
- TextBox
- Button
- ComboBox
- ListBox
- CheckBox (Casillas de verificasión)
- RadioButtons
- Timer
- ProgressBar
- TrakBar
- LinkLabel
- PictureBox
- MenuBar
- DataGridView

10.3.1 Form

El formulario (Form) es el contenedor principal de nuestar aplicación. Es la ventana en la cual se van a colocar todos los demás objetos que forman parte de nuestro programa. Se ubica dentro del espacio de nombres System.Windows.Forms y se llama **Form**. Sus propiedades principales son:

- **BackColor**: obtiene o estableces el color de fondo de la caja de texto.
- **BackgroungImage**: Permite establecer u obtener la imagen de fondo de la cual hace uso el formulario.
- **Enable**: permite habilitar o deshabilitar la caja de texto.
- **Name**: Permite establecerle una variable a la caja de texto.
- **Text**: Permite obtener o establecer el texto mostrado por la TextBox.
- **MaximumSize**: Permite obtener o establecer el tamaño máximo del que puede hacer uso el formulario.
- **MinimumSize**: Permite obtener o establecer el tamaño mínimo del que puede hacer uso el formulario.

- **Size**: Permiote obtener o establecer el tamaño del que hace uso el formulario.
- **IsMdiContainer**: Determina si el formulario es un contenedor de tipo MDI.

Sus eventos principales son:

- **Load**: Tiene lugar cuando el formulario es cargado.
- **Resize**: Tiene lugar cuando se cambia el tamaño del formulario.
- **FormClosed**: Tiene lugar cuando el formulario es cerrado. Se ejecuta después de haberse cerrado.
- **FormClosing**: Tiene lugar cuando el formulario es cerrado. Se ejecuta antes de haberse cerrado.

10.3.2 Etiquetas

Este tipo de componentes (Label) nos permite visualizar texto dentro del formulario. Se ubica dentro del espacio de nombres System.Windows.Forms y se llama **Label**. Sus propiedades principales son:

- **Name**: Permite establecerle una variable a la etiqueta.
- **Text**: Permite obtener o establecer el texto mostrado por la etiqueta.

10.3.3 Cajas de texto

Este objeto es comúnmente utilizado para introducir datos al formulario. Se ubica dentro del espacio de nombres System.Windows.Forms y se llama **TextBox**. Sus propiedades principales son:

- **BackColor**: obtiene o estableces el color de fondo de la caja de texto.
- **AcceptsReturn**: permite que la caja de texto acepte la tecla "Enter".
- **AcceptsTab**: permite que la caja de texto acepte la tecla "Tab".
- **Enable**: permite habilitar o deshabilitar la caja de texto.
- **Multiline**: Permite establecer la caja de texto como multilínea.
- **PasswordChar**: Permite establecer a la caja de texto un carácter de tipo constraseña.
- **ReadOnly**: Permite establecer si el contenido de la caja de texto va a ser de solo lectura o no.
- **Name**: Permite establecerle una variable a la caja de texto.
- **Text**: Permite obtener o establecer el texto mostrado por la TextBox.

Sus eventos principales son:

- **TextChanges**: El contenido de la caja de texto ha cambiado.
- **Enter**: La caja de texto recibe el foco.
- **KeyPress**: Se ha presionado una tecla en la caja de texto.

10.3.4 Botones

Los botones son comúnmente usados para disparar una acción dentro del formulario cada vez que se da click sobre éstos. Se ubica dentro del espacio de nombres System.Windows.Forms y se llama **Button**. Sus propiedades principales son:

- **Enable**: Permite establecer si el botón va a estar habilitado o no.
- **Name**: Permite establecerle una variable a la caja de texto.
- **Text**: Permite establecer el texto que se va a mostrar el botón.

Sus eventos principales son:

- **Click**: Se ha dado click sobre el botón.

10.3.5 ComboBox

Las ComboBox son un tipo de "Lista desplegable" que además funciona como una caja de texto (TextBox). Son útiles cuando se desea que el usuario seleccione un dato de una determinada lista o de no existir dicho dato pueda teclearlo. Se ubica dentro del espacio de nombres System.Windows.Forms y se llama **ComboBox**. Sus propiedades principales son:

- **Items**: Permite añadir elementos a la lista.
- **Text**: Permite obtener o establecer el texto mostrado por la ComboBox.
- **Enable**: Establece si el control va a estar habilitado o no.
- **SelectedIndex**: Permite obtener o establecer el índice del elemento seleccionado en la lista.
- **Name**: Permite establecerle una variable a la ComboBox.

Sus eventos principales son:

- **Click**: Se ha dado click sobre el control.
- **SelectedIndexChanged**: Tiene lugar cuando la propiedad SelectedIndex ha cambiado.

10.3.6 ListBox

Las ListBox son cajas que enlistan datos y son útiles cuando se desea que el usuario unicamente seleccione datos enlistados en dicho objeto. Se ubica dentro del espacio de nombres System.Windows.Forms y se llama **ListBox**. Sus propiedades principales son:

- **Items**: Permite añadir elementos a la lista.
- **Enable**: Establece si el control va a estar habilitado o no.
- **SelectedIndex**: Permite obtener o establecer el índice del elemento seleccionado en la lista.
- **Name**: Permite establecerle una variable al control.

- **Text**: Permite obtener o establecer el texto mostrado por el control.

Su evento principal es:

- **SelectedIndexChanged**: Tiene lugar cuando la propiedad SelectedIndex ha cambiado.

10.3.7 CheckBox

Las CheckBox (casillas de voerificación) es un control que nos permiten seleccionar una o varias opciones. Cada casilla de verificación es independiente una de otra. Se ubica dentro del espacio de nombres System.Windows.Forms y se llama **CheckBox**. Sus propiedades principales son:

- **Text**: Permite obtener o establecer el texto mostrado por la ComboBox.
- **Name**: Permite establecerle una variable al control.
- **Checked**: indica si la casilla esta activada o no.
- **Enable**: Establece si el control va a estar habilitado o no.

Su evento principal es:

- **CheckedChanged**: Tiene lugar cuando la propiedad Checked ha cambiado.

10.3.8 RadioButton

Los RadioButton es un control que nos permiten seleccionar una opción de varias. Todos los RadioButton que se encuentren en un contenedor interactúan entre sí. Se ubica dentro del espacio de nombres System.Windows.Forms y se llama **RadioButton**. Sus propiedades principales son:

- **Text**: Permite obtener o establecer el texto mostrado por la ComboBox.
- **Name**: Permite establecerle una variable al control.
- **Checked**: indica si la casilla esta activada o no.
- **Enable**: Establece si el control va a estar habilitado o no.

Su evento principal es:

- **CheckedChanged**: Tiene lugar cuando la propiedad Checked ha cambiado.

10.3.9 Timer

El Timer (temporizador) es un control que nos permite accesar al timer del sistema para poder realizar una tarea cada determinado tiempo. Se ubica dentro del espacio de nombres System.Windows.Forms y se llama **Timer**. Sus propiedades principales son:

- **Enable**: Establece si el control va a estar habilitado o no.

- **Interval**: Permite establecer un intérbalo de tiempo en milisegundos.
- **Name**: Permite establecerle una variable al control.

Su evento principal es:

- **Tick**: Tiene lugar cuando ha transcurrido el intervalo de tiempo especificado.

10.3.10 ProgressBar

Este control nos permite visualizar el estado actual de un proceso. Se ubica dentro del espacio de nombres System.Windows.Forms y se llama **ProgressBar**. Sus propiedades principales son:

- **Enable**: Establece si el control va a estar habilitado o no.
- **Maximum**: Accede o establece el límite superior del intervalo con el que trabaja la progressBar.
- **Minimum**: Accede o establece el límite inferior del intervalo con el que trabaja la progressBar.
- **Value**: Accede o establece el valor actúal del intervalo con el que trabaja la progressBar.
- **Name**: Permite establecerle una variable al control.

10.3.11 TrakBar

Este control nos permite visualizar el estado actual de un proceso. Se ubica dentro del espacio de nombres System.Windows.Forms y se llama **TrakBar**. Sus propiedades principales son:

- **Enable**: Establece si el control va a estar habilitado o no.
- **Maximum**: Accede o establece el límite superior del intervalo con el que trabaja la progressBar.
- **Minimum**: Accede o establece el límite inferior del intervalo con el que trabaja la progressBar.
- **Value**: Accede o establece el valor actúal del intervalo con el que trabaja la progressBar.
- **Name**: Permite establecerle una variable al control.

Su evento principal es:

- **Scroll**: Tiene lugar cada vez que se mueve el control deslizante del control.

10.3.12 LinkLabel

Este control es similar a la etiqueta (Label) con la diferencia de que nos permite redireccionarnos a una dirección de red. Se ubica dentro del espacio de nombres System.Windows.Forms y se llama **LinkLabel**. Sus propiedades principales son:

- **Text**: Permite establecer o acceder al texto mostrado por el control.
- **Enable**: Establece si el control va a estar habilitado o no.
- **Name**: Permite establecerle una variable al control.

Su evento principal es:

- **LinkClicked**: Tiene lugar cuando se hace click en el vínculo.

10.3.13 PinctureBox

Este control nos permite mostrar y dibujar imagenes. Se ubica dentro del espacio de nombres System.Windows.Forms y se llama **PinctureBox**. Sus propiedades principales son:

- **BackColor**: Permite establecer o acceder al color de fondo mostrado por el control.
- **Image**: Permite establecer o acceder a la imagen mostrada por el control.
- **Enable**: Establece si el control va a estar habilitado o no.
- **Name**: Permite establecerle una variable al control.
- **Size**: Permite establecer o acceder al tamaño del control en pixeles.

Su evento principal es:

- **Paint**: Tiene lugar cuando hace falta volver a dibujar un control.

10.3.14 MenuStrip

La barra de menús (MenuStrip) nos permite diseñar un meú desplegable el cual se mostrará en la parte superior de la aplicación. Se ubica dentro del espacio de nombres System.Windows.Forms y se llama **MenuStrip**. Sus propiedades principales son:

- **Enable**: Establece si el control va a estar habilitado o no.
- **Items**: Permite establecer la colección de elementos (opciones) del tipo ToolStripMenuItem que va a mostrar el menú.
- **Name**: Permite establecerle una variable al control.

Su evento principal es:

- **ItemClicked**: Tiene lugar cuando hace click en el elemento.
- **ItemAdded**: Tiene lugar cuando se agrega una opción al menú.
- **ItemRemoved**: Tiene lugar cuando se quita una opción al menú.
- **MouseEnter**: Tiene lugar cuando el mouse se coloca sobre el control.
- **MouseLeave**: Tiene lugar cuando el mouse ya no está sobre el control.

10.3.15 DataGridView

Las tablas (DataGridView) nos permiten mostra y trabajar con información de forma tabulada. Se ubica dentro del espacio de nombres System.Windows.Forms y se llama **DtaGridView**. Sus propiedades principales son:

- **Enable**: Establece si el control va a estar habilitado o no.
- **Columns**: Permite establecer la colección de columnas a mostrar en la tabla.
- **Rows**: Permite establecer la colección de filas a mostrar en la tabla.
- **Name**: Permite establecerle una variable al control.

Su evento principal es:

- **CellContentClick**: Tiene lugar cuando hace click Sobre el contenido de una celda.
- **RowsAdded**: Tiene lugar cuando se agrega una fila a la tabla.
- **ItemRemoved**: Tiene lugar cuando se quita una fila de la tabla.
- **MouseEnter**: Tiene lugar cuando el mouse se coloca sobre el control.

10.4 Creación de objetos en el formulario.

Para porceder a crear objetos en el formulario y diseñar la interfaz gráfica de nuestro programa es de suma importancia tener en cuenta que todos los objetos dentro del formulario son manejados y colocado a traváz de coordenadas "X" y "Y", siendo la coordenada (0, 0) la esquina superior izquierda del formulario, la coordenada (Width, 0) corresponde a la esquina superior derecha del formulario y la coordenada (0, Height) corresponde a la esquina inferior izquierda del formulario. En la figura 10.2 se aprecian el sistema de coordenadas de las que hace uso un formulario.

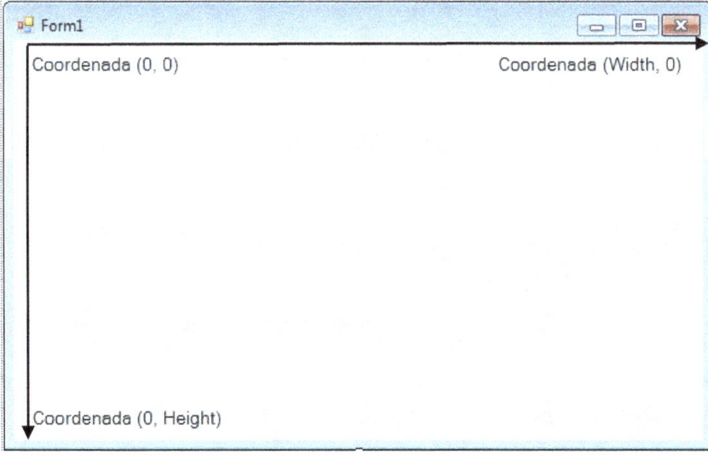

Fig. 10.2 Coordenadas de un formulario.

10.4.1 Declaración de objetos en el formulario.

Para añadir objetos al formulario primero debemos de declararrlos haciendo uso de la expresión let. En el ejemplo 10.3 se aprecia la declaración de un objeto de tipo botón el cual es inicializado como nulo para porteriormente ser creado en el método **InitComponents( )**.

Ejemplo 10.3

```
module MainForm

open System
open System.Drawing
open System.Windows.Forms

//ESPACIO PARA LA DECLARACIÓN DE LOS OBJETOS DEL FORMULARIO
//Declaración del botón btMensaje
let mutable btMensaje = new Button()

//...
```

10.4.2 Asignación de las propiedades de un objeto.

Una vez declarado el objeto es necesario asignarle sus propiedades. Esto se hace dentro de la clase principal del formulario a través del método **InitComponents()**. En el ejemplo 10.4 se aprecia la asignación de las propiedades del objeto btMensaje.

Ejemplo 10.4

```
module MainForm

open System
open System.Drawing
open System.Windows.Forms

//ESPACIO PARA LA DECLARACIÓN DE LOS OBJETOS DEL FORMULARIO
//Declaración del botón btMensaje
let mutable btMensaje = new Button()
```

```fsharp
//EVENTOS
//...

//CLASE A PARTIR DE LA CUAL SE VA A CREAR EL FORMULARIO
type MainForm() as self =
    inherit Form()//Herencia a Form

    member public this.InitCimponents() =
        //CONFIGURACIÓN DE LA VENTANA PRINCIPAL
        //Asignación de propiedades
        self.ClientSize <- new Size(292, 191)
        self.Name <- "MainForm"
        self.Text <- "Main Form"
        //Asignación de eventos
        //...

        //CONFIGURACIÓN DEL BOTÓN
        //Asignación de propiedades
        btMensaje.Name <- "btMensaje"
        btMensaje.Text <- "Hazme click"
        btMensaje.Location <- new Point(53, 90)
        btMensaje.AutoSize <- true
        //Asignación de eventos
        //...
```

10.4.3 Añadir objetos al formulario.

Finalmente, una vez declarado el objeto, creado y asignadas sus propiedades se procede a añadir el objeto al formulario, esto se hace a través del método **Controls.Add( )** del formulario. En el ejemplo 10.5 se aprecia el código completo y la anexión del objeto btMensaje al formulario.

Ejemplo 10.5

```fsharp
module MainForm

open System
open System.Drawing
open System.Windows.Forms

//ESPACIO PARA LA DECLARACIÓN DE LOS OBJETOS DEL FORMULARIO
//Declaración del botón btMensaje
let mutable btMensaje = new Button()
```

```fsharp
//EVENTOS
//...

//CLASE A PARTIR DE LA CUAL SE VA A CREAR EL FORMULARIO
type MainForm() as self =
    inherit Form()//Herencia a Form

    member public this.InitCimponents() =
        //CONFIGURACIÓN DE LA VENTANA PRINCIPAL
        //Asignación de propiedades
        self.ClientSize <- new Size(292, 191)
        self.Name <- "MainForm"
        self.Text <- "Main Form"
        //Asignación de eventos
        self.Load.Add(MainForm_Load self)

        //CONFIGURACIÓN DEL BOTÓN
        //Asignación de propiedades
        btMensaje.Name <- "btMensaje"
        btMensaje.Text <- "Hazme click"
        btMensaje.Location <- new Point(53, 90)
        btMensaje.AutoSize <- true
        //Asignación de eventos
        btMensaje.Click.Add(btMensaje_Click btMensaje)

        //AÑADIR LOS COMPONENTES AL FORMULARIO
        self.Controls.Add(btMensaje)
```

Si se compila y ejecuta el programa éste nos desplegará una ventana (el formulario principal) con un botón (btMensaje, el cual fue objeto añadido al formulario).

10.5 Eventos.

Los eventos son método los cuales reacciona o son llamados cada vez que un objeto de nuestro formulario realiza alguna acción, como por ejemplo dar click sobre un botón en cuyo caso el evento seria Click. Para asignarle un evento a un objeto se sigue la siguiente sintaxis general:

Objeto.[Evento].Add([Método que llama el evento])

En el ejemplo 10.6 se aprecia cómo es que se añade el evento click al objeto btMensaje. Dicha línea del código debe de estar dentro del método **InitComponents()** perteneciente a la clase principal del formulario.

Ejemplo 10.6

```
btMensaje.Click.Add(btMensaje_Click btMensaje)
```

Una vez que hemos creado el evento del objeto procedemos a crear el método del cual hará uso dicho evento. En el ejemplo 10.7 se aprecia el código del método del que hace uso el evento click. Dicho método despliega un mensaje el cual dice "Diste click en el botón".

Ejemplo 10.7

```
let btMensaje_Click send e =
    //Desplegar un mensaje
    MessageBox.Show("Diste click en el botón") |> ignore
```

Si al momento de definir los métodos de los cuales harán uso nuestros eventos se marca algún error relacionado con los parámetros que recibie es debido a que el tipo de dato es confuso y no se puede determinar cúal es. Para solucionar esto procedemos a especificar el tipo de dato a recibie.

Ejemplo 10.8

```
let pbPantalla_Paint send (e : PaintEventArgs) =
    //Desplegar un mensaje
    MessageBox.Show("Evento paint") |> ignore
```

En el ejemplo 10.8 se espeficica que el tipo de dato "e" a recibir por el método es del tipo "PainEventArgs".

Es importante detacar que como en F# todos los métodos deben de retornar algún valor se añade al final la cláusula **ignore**, esto con la finalidad de ignorar el error que nos genera el retornar un tipo de dato no válido, en este caso un mensaje (MessageBox). En el ejemplo 10.9 se aprecia el código completo del formulario.

Ejemplo 10.9

```fsharp
module MainForm

open System
open System.Drawing
open System.Windows.Forms


//ESPACIO PARA LA DECLARACIÓN DE LOS OBJETOS DEL FORMULARIO
//Declaración del botón btMensaje
let mutable btMensaje = new Button()

//EVENTOS
let btMensaje_Click send e =
    //Desplegar un mensaje
    MessageBox.Show("Diste click en el botón") |> ignore

//CLASE A PARTIR DE LA CUAL SE VA A CREAR EL FORMULARIO
type MainForm() as self =
    inherit Form()//Herencia a Form

    member public this.InitCimponents() =
        //CONFIGURACIÓN DE LA VENTANA PRINCIPAL
        //Asignación de propiedades
        self.ClientSize <- new Size(292, 191)
        self.Name <- "MainForm"
        self.Text <- "Main Form"

        //CONFIGURACIÓN DEL BOTÓN
        //Asignación de propiedades
        btMensaje.Name <- "btMensaje"
        btMensaje.Text <- "Hazme click"
        btMensaje.Location <- new Point(53, 90)
        btMensaje.AutoSize <- true
        //Asignación de eventos
        btMensaje.Click.Add(btMensaje_Click btMensaje)

        //AÑADIR LOS COMPONENTES AL FORMULARIO
        self.Controls.Add(btMensaje)
```

10.6 Desplegar el formulario en pantalla.

Para desplegar el formulario (o mejor dicho nuestar aplicación) se debe de crear un objeto de la clase que contiene el formulario, llamar al método

InitComponents( ) para inicializar los componentes del formulario y posteriormente pasar como parámetro el objeto del formulario al método de **Application.Run**, esto debe de hacerse en el archivo que contiene al método Main. En el ejemplo 10.10 se aprecia cómo desplegar el formulario y cómo quedaría nuestro código correspondiente al archivo que contiene el método Main.

Ejemplo 10.10

```fsharp
open System
open System.Drawing
open System.Windows.Forms
open MainForm

[<EntryPoint>]
[<STAThread>]
let main argv =
    //Creación del objeto del formulario
    let form = new MainForm()

    //Inicializar los componentes del formulario
    form.InitCimponents()

    //Obtener la apariancia del tema actual de Windows
    Application.EnableVisualStyles()
    //Correr el formulario
    Application.Run(form)

    0 // devolver un código de salida entero
```

No debemos olvidar que F# nos permite omitir el uso del método main ya que hace uso del paradigma de programación funcional; sin embargo, es recomendable hacer uso del método main para evitar posibles conflictos en la ejecución del programa. En el ejemplo 10.11 se aprecia cómo desplegar un formulario omitiendo el método main.

Ejemplo 10.11

```fsharp
open System
open System.Drawing
open System.Windows.Forms
open MainForm

[<STAThread>]
//Creación del objeto del formulario
```

```fsharp
let form = new MainForm()

//Inicializar los componentes del formulario
form.InitCimponents()

//Obtener la apariancia del tema actual de Windows
Application.EnableVisualStyles()

//Correr el formulario
Application.Run(form)
```

10.7 Diseño de la interfaz gráfica de usuario con Programación orientada a objetos.

En este tipo de diseño todo lo perteneciente al formulario se debe de colocar dentro de la clase que hereda a Form, esto incluye a los métodos y los objetos de los cuales hará uso los eventos. En el ejemplo 10.12 se aprecia la sintaxis general para creau un formulario haciendo uso de la programación orientada a objetos.

Ejemplo 10.12

```fsharp
module MainForm

open System
open System.Drawing
open System.Windows.Forms

//CLASE A PARTIR DE LA CUAL SE VA A CREAR EL FORMULARIO
type MainForm() as self =
    inherit Form()//Herencia a Form

    //ESPACIO PARA LA DECLARACIÓN DE LOS OBJETOS DEL FORMULARIO
    //Objetos del formulario
    //...

    //Método que inicializa los componentes del formulario
    member public this.InitCimponents() =
        //CONFIGURACIÓN DE LA VENTANA PRINCIPAL
        //Asignación de propiedades
        //...
        //Asignación de eventos
        //...

        //CONFIGURACIÓN DE LOS OBJETOS
```

```
        //Asignación de propiedades
        //...
        //Asignación de eventos
        //...

        //ESPACIO PARA AÑADIR LOS COMPONENTES AL FORMULARIO

    //ESPACIO PARA LA DECLARACIÓN DE LOS EVENTOS DEL LA
    APLICACIÓN
    //Eventos
    //...
```

Nótese que los eventos de la aplicación ahora son métodos pertenecientes a la clase. La sintaxis general para crear los eventos dentro de una clase es la siguiente:

member private this.[Nombre del evento] [Parámetros a recibir] =
  //Acción a realizar por el evento

En el ejemplo 10.13 se aprecia el código completo del formulario cuya interfaz gráfica de usuario fue diseñada haciendo uso de la programación orientada a objetos.

Ejemplo 10.13

```
open System
open System.Drawing
open System.Windows.Forms

//CLASE A PARTIR DE LA CUAL SE VA A CREAR EL FORMULARIO
type MainForm() as self =
    inherit Form()//Herencia a Form

    //ESPACIO PARA LA DECLARACIÓN DE LOS OBJETOS DEL FORM
    //Declrarción y creación de un botón
    let btMensaje = new Button()

    member public this.InitCimponents() =
        //Configuración de la ventana principal
        self.ClientSize <- new Size(292, 191)
        self.Name <- "MainForm"
        self.Text <- "Main Form"

        //Configuración del botón
```

```fsharp
        btMensaje.Name <- "btMensaje"
        btMensaje.Text <- "Hazme click"
        btMensaje.Location <- new Point(53, 90)
        btMensaje.Click.Add(self.btMensaje_Click btMensaje)

        //Añadir los componentes al formulario
        self.Controls.Add(btMensaje)

    //EVENTOS
    member public this.btMensaje_Click send e =
        MessageBox.Show("¡Hola mundo!") |> ignore
```

10.7.1 Separar el código del formulario del código principal.

Como lo vimos al prinipio del capítulo, para separar el código que contiene el formulario del código principal es necesario contar con 2 archivos: el **MainProgram.fs** y el **MainForm.fs**. En este caso, como se esta viendo diseño de la IGU mediante POO, en el archivo MainForm está la clase usada para diseñar el formulario mientras que el archivo MainProgram contiene la llamada y creación de un objeto de la clase contenida en el MainForm. En el ejemplo 10.14 se aprecia la creación de un formulario en el archivo MainForm.fs.

Ejemplo 10.14

```fsharp
module MainForm

open System
open System.Drawing
open System.Windows.Forms

//CLASE A PARTIR DE LA CUAL SE VA A CREAR EL FORMULARIO
type MainForm() as self =
    inherit Form()//Herencia a Form

    //ESPACIO PARA LA DECLARACIÓN DE LOS OBJETOS DEL FORM
    //Declrarción y creación de un botón
    let btmensaje = new Button()

    member public this.InitCimponents() =
        //Configuración de la ventana principal
        self.ClientSize <- new Size(292, 191)
        self.Name <- "MainForm"
        self.Text <- "Main Form"

        //Configuración del botón
        btmensaje.Name <- "btMensaje"
        btmensaje.Text <- "Hazme click"
        btmensaje.Location <- new Point(53, 90)

        //Añadir los componentes al formulario
        self.Controls.Add(btmensaje)

    //Propiedad usada para acceder a btmensaje
```

```
member public this.btMensaje
    with get() =
        btmensaje
```

Como podemos apreciar en el ejemplo 10.14, el código que define al formulario es prácticamente el mismo, pero con la diferencia de que éste **no define ni implementa ningún evento**. Tambien podemos apreciar que **hacemos uso propiedades**, esto con la finalidad de poder acceder a los objetos del formulario en el archivo MainProgram.fs.

En el archivo MainProgram.fs es en donde procedemos a crear el formulario, así como a definir e implementar todos los eventos que sean necesarios. En el ejemplo 10.15 se aprecia el contenido del archivo MainProgram.fs.

Ejemplo 10.15

```
open System
open System.Drawing
open System.Windows.Forms
open MainForm

let form = new MainForm()//Creación del objeto del formulario principal

//EVENTOS
let MainForm_Load send e =
    MessageBox.Show("Llamada al evento Load del formulario") |> ignore

let btMensaje_Click send e =
    MessageBox.Show("¡Hola mundo!") |> ignore


[<EntryPoint>]
[<STAThread>]
let main argv =
    form.InitCimponents()

    //ASIGNACIÓN DE EVENTOS
    form.btMensaje.Click.Add(btMensaje_Click form.btMensaje)//Click de btMensaje
    form.Load.Add(MainForm_Load form)//Load del form

    Application.EnableVisualStyles()//Obtener la apariancia del tema actual de
Windows
    Application.Run(form)//Correr el formulario

    0
```

Como se observa en el ejemplo 10.15, es en esta sección en donde se definen los eventos, tanto la asignación de los eventos de los objetos del formulario como el método al cual hacen referencia. No debemos olvidar que podemos omitir el método main quedando el código como se aprecia en el ejemplo 10.16

Ejemplo 10.16

```fsharp
open System
open System.Drawing
open System.Windows.Forms
open MainForm

let form = new MainForm()//Creación del objeto del formulario principal

//EVENTOS
let MainForm_Load send e =
    MessageBox.Show("Llamada al evento Load del formulario") |> ignore

let btMensaje_Click send e =
    MessageBox.Show("¡Hola mundo!") |> ignore


[<STAThread>]
form.InitCimponents()

//ASIGNACIÓN DE EVENTOS
form.btMensaje.Click.Add(btMensaje_Click form.btMensaje)//Click de btMensaje
form.Load.Add(MainForm_Load form)//Load del form

Application.EnableVisualStyles()//Obtener la apariancia del tema actual de Windows
Application.Run(form)//Correr el formulario
```

10.8 Ejercicios resueltos.

Ejercicio 1: Cajas de diálogo predefinidas. Hacer una interfaz como la que se muestar en la figura 10.3 que nos permita desplegar los mensajes predefinisdos dentro de .NET.

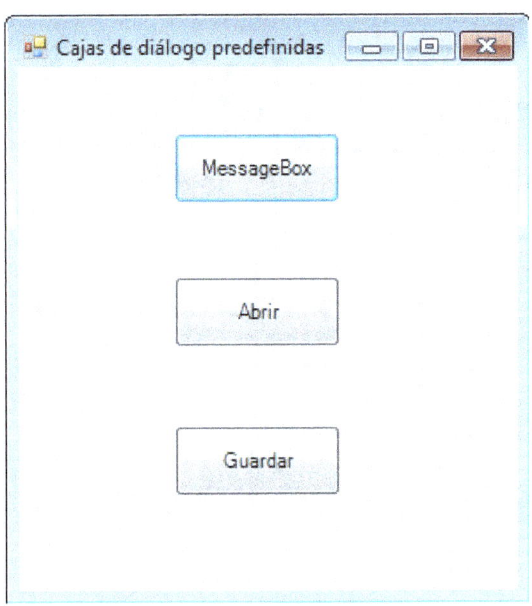

Fig. 10.3 Interfaz gráfica

El programa cunta con dos archivos:

- MainForm.fs
- MainProgram.fs

El código correspondiente al MainForm es el siguiente:

```fsharp
module MainForm

open System
open System.Drawing
open System.Windows.Forms

type MainForm() as self =
    inherit Form()//Herencia a Form

    //Variable global respuesta
    let mutable respuesta = DialogResult.OK

    //Espacio para la declaración de los objetos del Form
    let btMessageBox = new Button()
    let btAbrir = new Button()
    let btGuardar = new Button()
```

```fsharp
    //Eventos
    let btMessageBox_Click send e =
        MessageBox.Show("Mensaje de tipo MessageBox",
"MenssageBox", MessageBoxButtons.OK, MessageBoxIcon.Information)
|> ignore

    let btAbrir_Click send e =
        let dlgAbrir = new OpenFileDialog()
        respuesta <- dlgAbrir.ShowDialog()
        if respuesta = DialogResult.OK
        then
            let nombre = dlgAbrir.FileName
            MessageBox.Show("Seleccionó el archivo " + nombre,
"Abrir", MessageBoxButtons.OK, MessageBoxIcon.Information) |>
ignore


    let btGuardar_Click sende e =
        let dlgGuardar = new SaveFileDialog()
        respuesta <- dlgGuardar.ShowDialog()
        if respuesta = DialogResult.OK
        then
            let nombre = dlgGuardar.FileName
            MessageBox.Show("Nombre del archivo a guardar: " +
nombre, "Guardar", MessageBoxButtons.OK,
MessageBoxIcon.Information) |> ignore

    member public this.InitCimponents() =
        //Configuración de la ventana principal
        self.ClientSize <- new Size(288, 295)
        self.Name <- "Form1"
        self.Text <- "Cajas de diálogo predefinidas"

        // btMessageBox
        btMessageBox.Location <- new System.Drawing.Point(90, 37)
        btMessageBox.Name <- "btMessageBox"
        btMessageBox.Size <- new System.Drawing.Size(96, 40)
        btMessageBox.TabIndex <- 0
        btMessageBox.Text <- "MessageBox"
        btMessageBox.UseVisualStyleBackColor <- true
        btMessageBox.Click.Add(btMessageBox_Click btMessageBox)

        //btAbrir
        btAbrir.Location <- new System.Drawing.Point(90, 118)
        btAbrir.Name <- "btbtAbrir"
```

```fsharp
        btAbrir.Size <- new System.Drawing.Size(96, 40)
        btAbrir.TabIndex <- 1
        btAbrir.Text <- "Abrir"
        btAbrir.UseVisualStyleBackColor <- true
        btAbrir.Click.Add(btAbrir_Click btAbrir)

        //btGuardar
        btGuardar.Location <- new System.Drawing.Point(90, 202)
        btGuardar.Name <- "btGuardar"
        btGuardar.Size <- new System.Drawing.Size(96, 40)
        btGuardar.TabIndex <- 2
        btGuardar.Text <- "Guardar"
        btGuardar.UseVisualStyleBackColor <- true
        btGuardar.Click.Add(btGuardar_Click btGuardar)

        //Añadir los componentes al formulario
        self.Controls.Add(btMessageBox)
        self.Controls.Add(btAbrir)
        self.Controls.Add(btGuardar)
```

El código correspondiente al MainProgram es el siguiente:

```fsharp
open System
open System.Drawing
open System.Windows.Forms
open MainForm

[<EntryPoint>]
[<STAThread>]
let main argv =
    let form = new MainForm()

    //Inicializar los componentes del fromulario
    form.InitCimponents()

    //Obtener la apariancia del tema actual de Windows
    Application.EnableVisualStyles()

    //Correr el formulario
    Application.Run(form)
    0 // devolver un código de salida entero
```

Ejercicio 2: Dibujos con GDI+. Hacer un programa que nos permita dibijar vía código un círculo que vaya cayendo desde la parte de arriba del formulario hasta la parte baja del formulario. La acción se repetirá de manera infinita hasta que el usuario cierre la aplicación y el punto inicial de caída de la pelota será determinado de manera aleatória. La interfaz del programa se muestar en la figura 10.4.

Fig. 10.4 Interfaz gráfica del programa

La interfaz (objetos del formulario) esta compuesta por:

- 1 PictureBox cuya propiedad name será pbPantalla
- 1 Timer cuya propiedad name será timer1

Los eventos necesarios para que nuestro programa realicde lo que se desea son:

- Paint perteneciente a la PictureBox
- Tick perteneciente al timer
- Load perteneciente al formulario
- FormClosign perteneciente al formulario

El código correspondiente al archivo MainForm.fs es el siguiente:

```fsharp
module MainForm

open System
open System.Drawing
open System.Windows.Forms

//VARIABLES GLOBALES
```

```fsharp
let mutable brocha = new SolidBrush(Color.Red)
let rnd = new Random()
let mutable (x, y, ancho) = (0, 0, 20)

//ESPACIO PARA LA DECLARACIÓN DE LOS OBJETOS DEL FORMULARIO
//Declaración de la PictureBox
let mutable pbPantalla = new PictureBox()
let mutable timer1 = new Timer()//Declaración del timer

//EVENTOS
let MainForm_Load send e =
    //Obtener la coordenada en X aleatoriamente
    x <- rnd.Next(0, (pbPantalla.Width - ancho))

    //Habilitar el timer
    timer1.Enabled <- true
    //Iniciar el timer
    timer1.Start()

let MainForm_FormClosing send e =
    timer1.Stop()
    timer1.Enabled <- false

let pbPantalla_Paint send (e : PaintEventArgs) =
    //Creación del objeto Graphics
    let g = e.Graphics

    //Determinar el área de dibujo del círculo
    let rect = new Rectangle(x, y, ancho, ancho)
    //Dibujar el círculo
    g.FillEllipse(brocha, rect)

let timer1_Tick send e =
    if y < (pbPantalla.Height - ancho)
    then
        //Incrementar y
        y <- y + 20
    else
        //Inicializar y en 0
        y <- 0

        //Obtener la coordenada en X aleatoriamente
        x <- rnd.Next((pbPantalla.Width - ancho))

    //Redibujar el círculo
    pbPantalla.Refresh()
```

```fsharp
//CLASE A PARTIR DE LA CUAL SE VA A CREAR EL FORMULARIO
type MainForm() as self =
    inherit Form()//Herencia a Form

    member public this.InitCimponents() =
        //CONFIGURACIÓN DE LA VENTANA PRINCIPAL
        //Asignación de propiedades
        self.Size <- new Size(338, 191)
        self.Name <- "Form1"
        self.Text <- "Form1"
        //Asignación de eventos
        self.Load.Add(MainForm_Load self)
        self.FormClosing.Add(MainForm_FormClosing self)

        //CONFIGURACIÓN DE pbPantalla
        //Asignación de propiedades
        pbPantalla.BackColor <- Color.White
        pbPantalla.Dock <- DockStyle.Fill
        pbPantalla.Location <- new Point(0, 0)
        pbPantalla.Name <- "pbPantalla"
        pbPantalla.Size <- new Size(338, 191)
        pbPantalla.TabStop <- false
        //Asignación de eventos
        pbPantalla.Paint.Add(pbPantalla_Paint pbPantalla)

        //CONFIGURACIÓN DE timer1
        //Asignación de propiedades
        timer1.Interval <- 100
        timer1.Enabled <- false
        //Asignación de eventos
        timer1.Tick.Add(timer1_Tick timer1)

        //AÑADIR LOS COMPONENTES AL FORMULARIO
        self.Controls.Add(pbPantalla)
```

El código correspondiente a MainProgram.fs es el siguiente:

```fsharp
open System
open System.Drawing
open System.Windows.Forms
open MainForm


[<EntryPoint>]
[<STAThread>]
```

```fsharp
let main argv =
    //Creación del objeto del formulario
    let form = new MainForm()
    //Inicializar los componentes del formulario
    form.InitCimponents()

    //Obtener la apariancia del tema actual de Windows
    Application.EnableVisualStyles()
    //Correr el formulario
    Application.Run(form)

    0 // devolver un código de salida entero
```

Ejercicio 3: Aplicaciones de IGU sin hacer uso del método Main. Redefinir el ejercicio anterior para que no haga uso del método Main.

Como se vio en el capítulo 1, en F# no es necesario definir un método Main, esto debido a que se va ejecutando en orden el código y siempre se ejecuta la primera función correcta que encuentre. Para hacer una aplicación de IGU que no haga uso del método Main se procede a dividir en código en 2 archivos:

- MainForm_Diseño.fs: este archivo contendrá únicamente los objetos que forman parte de nuestar IGU así como sus propiedades.
- MainForm.fs: este archivo contendrá el objeto del formulario, la asignación de los eventos y los métodos de los cuales hacen uso los eventos

Entonces, en al archivo MainForm_Diseño colocamos el código siguiente:

```fsharp
module MainForm_Diseño

open System
open System.Drawing
open System.Windows.Forms

//ESPACIO PARA LA DECLARACIÓN DE LOS OBJETOS DEL FORMULARIO
//Declaración de la PictureBox
let mutable pbPantalla = new PictureBox()
let mutable timer1 = new Timer()//Declaración del timer

//CLASE A PARTIR DE LA CUAL SE VA A CREAR EL FORMULARIO
type MainForm() as self =
    inherit Form()//Herencia a Form

    member public this.InitCimponents() =
        //CONFIGURACIÓN DE LA VENTANA PRINCIPAL
        //Asignación de propiedades
```

```fsharp
        self.Size <- new Size(338, 191)
        self.Name <- "Form1"
        self.Text <- "Form1"

        //CONFIGURACIÓN DE pbPantalla
        //Asignación de propiedades
        pbPantalla.BackColor <- Color.White
        pbPantalla.Dock <- DockStyle.Fill
        pbPantalla.Location <- new Point(0, 0)
        pbPantalla.Name <- "pbPantalla"
        pbPantalla.Size <- new Size(338, 191)
        pbPantalla.TabStop <- false

        //CONFIGURACIÓN DE timer1
        //Asignación de propiedades
        timer1.Interval <- 100
        timer1.Enabled <- false

        //AÑADIR LOS COMPONENTES AL FORMULARIO
        self.Controls.Add(pbPantalla)
```

En el archivo MainForm.fs se coloca el código siguiente:

```fsharp
open System
open System.Drawing
open System.Windows.Forms
open MainForm_Diseño

//VARIABLES GLOBALES
let mutable brocha = new SolidBrush(Color.Red)
let rnd = new Random()
let mutable (x, y, ancho) = (0, 0, 20)

//EVENTOS
let MainForm_Load send e =
    //Obtener la coordenada en X aleatoriamente
    x <- rnd.Next(0, (pbPantalla.Width - ancho))

    //Habilitar el timer
    timer1.Enabled <- true
    //Iniciar el timer
    timer1.Start()

let MainForm_FormClosing send e =
    timer1.Stop()
```

```fsharp
        timer1.Enabled <- false

let pbPantalla_Paint send (e : PaintEventArgs) =
    //Creación del objeto Graphics
    let g = e.Graphics

    //Determinar el área de dibujo del círculo
    let rect = new Rectangle(x, y, ancho, ancho)
    //Dibujar el círculo
    g.FillEllipse(brocha, rect)

let timer1_Tick send e =
    if y < (pbPantalla.Height - ancho)
    then
        //Incrementar y
        y <- y + 20
    else
        //Inicializar y en 0
        y <- 0

        //Obtener la coordenada en X aleatoriamente
        x <- rnd.Next((pbPantalla.Width - ancho))

    //Redibujar el círculo
    pbPantalla.Refresh()

[<STAThread>]
//CREACIÓN DEL FORMULARIO
let form = new MainForm()
//Inicializar los componentes del formulario
form.InitCimponents()

//ASIGNACIÓN DE EVENTOS
//form
form.Load.Add(MainForm_Load form)
form.FormClosing.Add(MainForm_FormClosing form)
//pbPantalla
pbPantalla.Paint.Add(pbPantalla_Paint pbPantalla)
//timer1
timer1.Tick.Add(timer1_Tick timer1)

//Obtener la apariancia del tema actual de la computadora
Application.EnableVisualStyles()

//Correr el formulario
Application.Run(form)
```

Note que en el archivo "MainForm_Diseño.fs" contiene únicamente el código que tiene que ver con la interfaz gráfica de usuario mientras que el archivo "MainForm.fs" contiene en sí todo el código que tiene que ver con nuetro programa. Note también que en ninguno de los dos archivos está declarado el método main.

Ejercicio 4: Aplicación MDI. Hacer un programa que nos permita abrir varias interfaces dentro de una interfaz principal.

Una aplicación MDI es aquella que nos permite visualizar múltiples documentos en una misma interfaz. Para crear una aplicación MDI es necesario definir cuál interfaz va a funcionar como mi formulario padre o contenedor MDI y cuáles van a ser aplicaciones hijas.

Dentro del formulario padre debemos de definir ciertas propiedades que nos las que permitirán a nustra aplicación funcionar como un MDI. Algunas de las propiedades más importantes son:

- **IsMdiContainer**: esta propiedad es la que establece que nuestro formulario padre va a ser un MDI.
- **MdiWindowsListItem**: nos permite establecer que elemento del ménu va a mostrar la lista de las ventanas (o formulario hijos) abiertos en el MDI
- **MargeIndex**: esta propiedad perteneciente a la barra de menús nos permite definir que posición va a ocupar un elemento dentro del menú.

Es importante destacar que el formulario hijo debe de existir antes que el formulario padre, entonces nuestar aplicación va a contar con 3 archivos de cpodigo fuente:

1. FormHijo.fs
2. MainForm.fs
3. MainProgram.fs

En este caso, "mainForm.fs" va a ser nuestro formulario padre. En la imagen 10.5 se aprecia el orden de los archivos a ser usados en la aplicación.

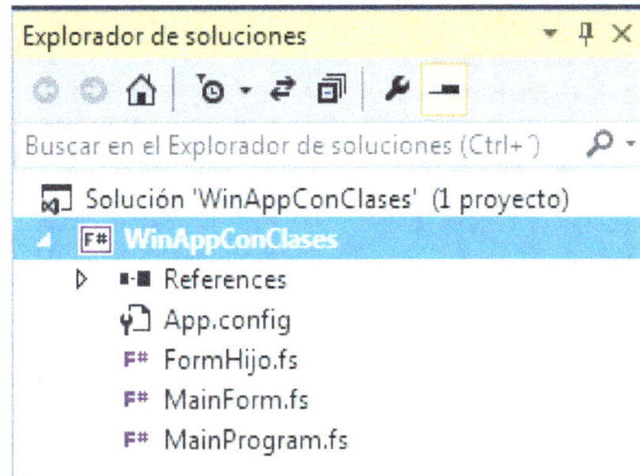

Fig. 10.5 Archivos de la aplicación MDI

En el archivo "FormHijo.fs" colocamos el siguiente código:

```fsharp
module FormHijo

open System
open System.Drawing
open System.Windows.Forms

type FormHijo() as self =
    inherit Form()//Herencia a Form

    //ESPACIO PARA LA DECLARACIÓN DE LOS OBJETOS DEL FORMULARIO
    let rtbTexto = new RichTextBox()
    let msMenu = new MenuStrip()
    let miArchivo = new ToolStripMenuItem()
    let miMensaje = new ToolStripMenuItem()
    let miMenuFalso = new ToolStripMenuItem()
    let miSubmenuFalso = new ToolStripMenuItem()

    member public this.InitCimponents() =
        //CONFIGURACIÓN DE LA VENTANA
        //Asignación de propiedades
        self.AutoScaleMode <- AutoScaleMode.Font
        self.ClientSize <- new Size(329, 273)
        self.Name <- "FormHijo"
        self.Text <- "FormHijo"

        //CONFIGURACIÓN DE rtbTexto
        //Asignación de propiedades
        rtbTexto.AcceptsTab <- true
```

```fsharp
rtbTexto.Dock <- DockStyle.Fill
rtbTexto.Location <- new Point(0, 24)
rtbTexto.Name <- "rtbTexto"
rtbTexto.Size <- new Size(329, 249)
rtbTexto.TabIndex <- 0
rtbTexto.Text <- ""

//CONFIGURACIÓN DE msMenu
//Asignación de propiedades
msMenu.Location <- new Point(0, 0)
msMenu.Name <- "msMenu"
msMenu.Size <- new Size(329, 24)
msMenu.TabIndex <- 1
msMenu.Text <- "menuStrip1"
msMenu.Visible <- false
//Añadir submenus
msMenu.Items.Add(miArchivo) |> ignore
msMenu.Items.Add(miMenuFalso) |> ignore

//CONFIGURACIÓN DE miArchivo
//Asignación de propiedades
miArchivo.MergeAction <- MergeAction.MatchOnly
miArchivo.MergeIndex <- 0
miArchivo.Name <- "miArchivo"
miArchivo.Size <- new System.Drawing.Size(60, 20)
miArchivo.Text <- "&Archivo"
//Añadir submenus
miArchivo.DropDownItems.Add(miMensaje) |> ignore

//CONFIGURACIÓN DE miMensaje
//Asignación de propiedades
miMensaje.MergeAction <- MergeAction.Insert
miMensaje.MergeIndex <- 1
miMensaje.Name <- "miMensaje"
miMensaje.Size <- new System.Drawing.Size(118, 22)
miMensaje.Text <- "&Mensaje"
//Asignar el evento
miMensaje.Click.Add(self.miMensaje_Click miMensaje)

//CONFIGURACIÓN DE miMenuFalso
//Asignación de propiedades
miMenuFalso.MergeIndex <- 1
miMenuFalso.Name <- "miMenuFalso"
miMenuFalso.Size <- new Size(78, 20)
miMenuFalso.Text <- "&Menu falso"
//Añadir submenus
```

```fsharp
        miMenuFalso.DropDownItems.Add(miSubmenuFalso) |> ignore

        //CONFIGURACIÓN DE miSubmenuFalso
        //Asignación de propiedades
        miSubmenuFalso.Name <- "miSubmenuFalso"
        miSubmenuFalso.Size <- new Size(153, 22)
        miSubmenuFalso.Text <- "&Submenu falso"

        //AÑADIR LOS COMPONENTES AL FORMULARIO
        self.Controls.Add(rtbTexto)
        self.Controls.Add(msMenu)

    //EVENTOS
    member private this.miMensaje_Click sender e =
        MessageBox.Show("Mensaje del " + self.Text) |> ignore
```

En el archivo "MainForm.fs" escribimos el siguiente código:

```fsharp
module MainForm

open System
open System.Drawing
open System.Windows.Forms
open FormHijo

type MainForm() as self =
    inherit Form()//Herencia a Form

    //VARIABLES GLOVALES DE LA CLASE
    //formulario hijo
    let mutable fh = new FormHijo()
    //Contador de formularios hijos
    let mutable cont = 1

    //ESPACIO PARA LA DECLARACIÓN DE LOS OBJETOS DEL FORMULARIO
    let msMenu = new MenuStrip()
    let miArchivo = new ToolStripMenuItem()
    let miNuevo = new ToolStripMenuItem()
    let miSalir = new ToolStripMenuItem()
    let miVentana = new ToolStripMenuItem()
    let miHorizontal = new ToolStripMenuItem()
    let miVertical = new ToolStripMenuItem()
    let miCascada = new ToolStripMenuItem()
    let miSeparador = new ToolStripSeparator()
```

```fsharp
member public this.InitCimponents() =
    //CONFIGURACIÓN DE LA VENTANA PRINCIPAL
    //Asignación de propiedades
    self.AutoScaleMode <- AutoScaleMode.Font
    self.ClientSize <- new Size(511, 289)
    self.IsMdiContainer <- true
    self.MainMenuStrip <- msMenu
    self.Name <- "MainForm"
    self.Text <- "MDI"
    self.WindowState <- FormWindowState.Maximized

    //CONFIGURACIÓN DE msMenu
    //Asignación de propiedades
    msMenu.Location <- new Point(0, 0)
    msMenu.MdiWindowListItem <- miVentana
    msMenu.Name <- "msMenu"
    msMenu.Size <- new Size(511, 24)
    msMenu.TabIndex <- 0
    msMenu.Text <- "msMenu"
    //Añadir submenús
    msMenu.Items.Add(miArchivo) |> ignore
    msMenu.Items.Add(miVentana) |> ignore

    //CONFIGURACIÓN DE miArchivo
    //Asignación de propiedades
    miArchivo.MergeIndex <- 0
    miArchivo.Name <- "miArchivo"
    miArchivo.Size <- new Size(60, 20)
    miArchivo.Text <- "&Archivo"
    //Añadir submenus
    miArchivo.DropDownItems.Add(miNuevo) |> ignore
    miArchivo.DropDownItems.Add(miSalir) |> ignore

    //CONFIGURACIÓN DE miNuevo
    //Asignación de propiedades
    miNuevo.MergeIndex <- 0
    miNuevo.Name <- "miNuevo"
    miNuevo.Size <- new Size(102, 22)
    miNuevo.Text <- "&Nuevo"
    //Asignar el evento
    miNuevo.Click.Add(self.miNuevo_Click miNuevo)

    //CONFIGURACIÓN DE miSalir
    //Asignación de propiedades
    miSalir.MergeIndex <- 2
    miSalir.Name <- "miSalir"
```

```fsharp
        miSalir.Size <- new Size(102, 22)
        miSalir.Text <- "&Salir"
        //Asignar el evento
        miSalir.Click.Add(self.miSalir_Click miSalir)

        //CONFIGURACIÓN DE miVentana
        //Asignación de propiedades
        miVentana.MergeIndex <- 2
        miVentana.Name <- "miVentana"
        miVentana.Size <- new Size(62, 20)
        miVentana.Text <- "&Ventana"
        //Añadir submenus
        miVentana.DropDownItems.Add(miHorizontal) |> ignore
        miVentana.DropDownItems.Add(miVertical) |> ignore
        miVentana.DropDownItems.Add(miCascada) |> ignore
        miVentana.DropDownItems.Add(miSeparador) |> ignore

        //CONFIGURACIÓN DE miHorizontal
        //Asignación de propiedades
        miHorizontal.Name <- "miHorizontal"
        miHorizontal.Size <- new Size(152, 22)
        miHorizontal.Text <- "&Horizontal"
        //Asignar el evento
        miHorizontal.Click.Add(self.miHorizontal_Click
miHorizontal)

        //CONFIGURACIÓN DE miVertical
        //Asignación de propiedades
        miVertical.Name <- "miVertical"
        miVertical.Size <- new Size(152, 22)
        miVertical.Text <- "&Vertical"
        //Asignar el evento
        miVertical.Click.Add(self.miVertical_Click miVertical)

        //CONFIGURACIÓN DE miCascada
        //Asignación de propiedades
        miCascada.Name <- "miCascada"
        miCascada.Size <- new Size(152, 22)
        miCascada.Text <- "&Cascada"
        //Asignar el evento
        miCascada.Click.Add(self.miCascada_Click miCascada)

        //CONFIGURACIÓN DE miSeparador
        //Asignación de propiedades
        miSeparador.Name <- "miSeparador"
        miSeparador.Size <- new Size(149, 6)
```

```fsharp
    //AÑADIR LOS COMPONENTES AL FORMULARIO
    self.Controls.Add(msMenu);

//EVENTOS DE LA CLASE
member private this.miHorizontal_Click sender e =
    self.LayoutMdi(MdiLayout.TileHorizontal)
    miHorizontal.Checked <- true
    miVertical.Checked <- false
    miCascada.Checked <- false

member private this.miVertical_Click sender e =
    self.LayoutMdi(MdiLayout.TileVertical)
    miHorizontal.Checked <- false
    miVertical.Checked <- true
    miCascada.Checked <- false

member private this.miCascada_Click sender e =
    self.LayoutMdi(MdiLayout.Cascade)
    miHorizontal.Checked <- false
    miVertical.Checked <- false
    miCascada.Checked <- true

member private this.miNuevo_Click sender e =
    //Creación del formulario hijo
    fh <- new FormHijo()
    //Iniciar los componentes del formulario hijo
    fh.InitCimponents()
    //Establecer el formulario MDI a usar
    fh.MdiParent <- self
    //Establecer el texto del formulario hijo
    fh.Text <- "Formulario hijo " + cont.ToString()
    //Establecer el nombre del formulario hijo
    fh.Name <- cont.ToString()
    //Mostrar el formulario hijo
    fh.Show()

    cont <- cont + 1

member private this.miSalir_Click sender e =
    //Cerrar la aplicación principal
    self.Close()
```

Y finalmente en el archivo "MainProgram.fs" escribimos el siguiente código:

```fsharp
open System
open System.Drawing
open System.Windows.Forms
open MainForm
open FormHijo

[<STAThread>]
//Creación del objeto del formulario
let form = new MainForm()

//Inicializar los componentes del formulario
form.InitCimponents()

//Obtener la apariancia del tema actual de Windows
Application.EnableVisualStyles()

//Correr el formulario
Application.Run(form)
```

Ejercicio 5: Hacer una aplicación que controle una ProgressBar a travpes de una trackBar. La interfaz del programa se muestar en la figura 10.6.

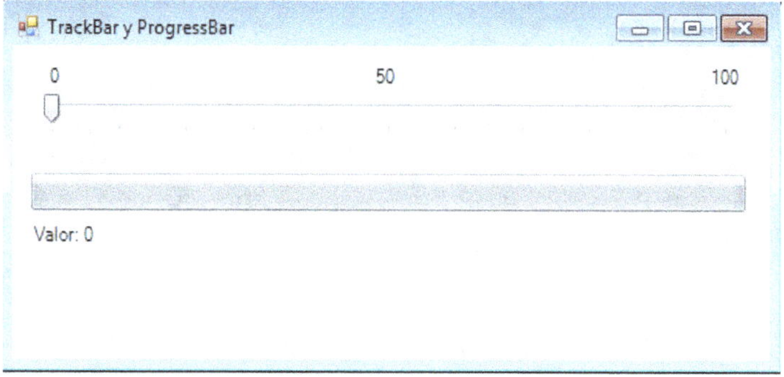

Fig. 10.6 Interfaz a implementar en el programa

En el archivo "MainForm.fs" escribimos el código siguiente:

```fsharp
module MainForm

open System
open System.Drawing
open System.Windows.Forms
```

```fsharp
//DECLARACIÓN DE LOS OBJETOS DEL FORMULARIO
let tbAvance = new TrackBar()
let pbEstado = new ProgressBar()
let etValor = new Label()
let et0 = new Label()
let et50 = new Label()
let et100 = new Label()

//EVENTOS
let tbAvance_Scroll send e =
    pbEstado.Value <- tbAvance.Value
    etValor.Text <- "Valor: " + tbAvance.Value.ToString()

let et0_Click send e =
    tbAvance.Value <- 0
    pbEstado.Value <- tbAvance.Value
    etValor.Text <- "Valor: 0"

let et50_Click send e =
    tbAvance.Value <- 50
    pbEstado.Value <- tbAvance.Value
    etValor.Text <- "Valor: 50"

let et100_Click send e =
    tbAvance.Value <- 100
    pbEstado.Value <- tbAvance.Value
    etValor.Text <- "Valor: 100"

//CLASE A PARTIR DE LA CUAL SE VA A CREAR EL FORMULARIO
type MainForm() as self =
    inherit Form()//Herencia a Form

    member public this.InitCimponents() =
        //CONFIGURACIÓN DE LA VENTANA PRINCIPAL
        //Asignación de propiedades
        self.AutoScaleMode <- AutoScaleMode.Font
        self.ClientSize <- new Size(500, 232)
        self.Name <- "MainForm"
        self.Text <- "TrackBar y ProgressBar"
        self.MaximumSize <- new Size(500, 232)
        self.MinimumSize <- new Size(500, 232)

        //CONFIGURACIÓN DE tbAvance
        //Asignación de propiedades
        tbAvance.Location <- new Point(12, 28)
        tbAvance.Maximum <- 100
```

```fsharp
tbAvance.Name <- "tbAvance"
tbAvance.Size <- new Size(456, 45)
tbAvance.TabIndex <- 0
tbAvance.TickFrequency <- 10
//Asignación de eventos
tbAvance.Scroll.Add(tbAvance_Scroll tbAvance)

//CONFIGURACIÓN DE tbEstado
//Asignación de sus propiedades
pbEstado.Location <- new Point(12, 79)
pbEstado.Name <- "pbEstado"
pbEstado.Size <- new Size(456, 23)
pbEstado.TabIndex <- 4

//CONFIGURACIÓN DE etValor
//Asignación de propiedades
etValor.AutoSize <- true
etValor.Location <- new Point(12, 110)
etValor.Name <- "etValor"
etValor.Size <- new Size(43, 13)
etValor.TabIndex <- 5
etValor.Text <- "Valor: 0"

//CONFIGURACIÓN DE et0
//Asignación de propiedades
et0.AutoSize <- true
et0.Location <- new Point(22, 12)
et0.Name <- "et0"
et0.Size <- new Size(13, 13)
et0.TabIndex <- 1
et0.Text <- "0"
//Asignación de eventos
et0.Click.Add(et0_Click et0)

//CONFIGURACIÓN DE et50
//Asignación de propiedades
Et50.AutoSize <- true
et50.Location <- new Point(230, 12)
et50.Name <- "et50"
et50.Size <- new Size(19, 13)
et50.TabIndex <- 3
et50.Text <- "50"
//Asignación de eventos
et50.Click.Add(et50_Click et50)

//CONFIGURACIÓN DE et100
```

```fsharp
        //Asignación de propiedades
        Et100.AutoSize <- true
        et100.Location <- new Point(443, 12)
        et100.Name <- "et100"
        et100.Size <- new Size(25, 13)
        et100.TabIndex <- 1
        et100.Text <- "100"
        //Asignación de eventos
        et100.Click.Add(et100_Click et100)

        //AÑADIR LOS COMPONENTES AL FORMULARIO
        self.Controls.Add(pbEstado)
        self.Controls.Add(tbAvance)
        self.Controls.Add(etValor)
        self.Controls.Add(et0)
        self.Controls.Add(et50)
        self.Controls.Add(et100)
```

En el archivo "MainProgram.fs" escribimos el código siguiente:

```fsharp
open System
open System.Drawing
open System.Windows.Forms
open MainForm

[<EntryPoint>]
[<STAThread>]
let main argv =
    //Creación del objeto del formulario
    let form = new MainForm()
    //Inicializar los componentes del formulario
    form.InitCimponents()

    //Obtener la apariancia del tema actual de Windows
    Application.EnableVisualStyles()
    //Correr el formulario
    Application.Run(form)

    0
```

Ejercicio 6: Hacer una calculadora que realice las operaciones de suma, resta, multiplicación y división. La interfaz del programa se muestar en la figura 10.7

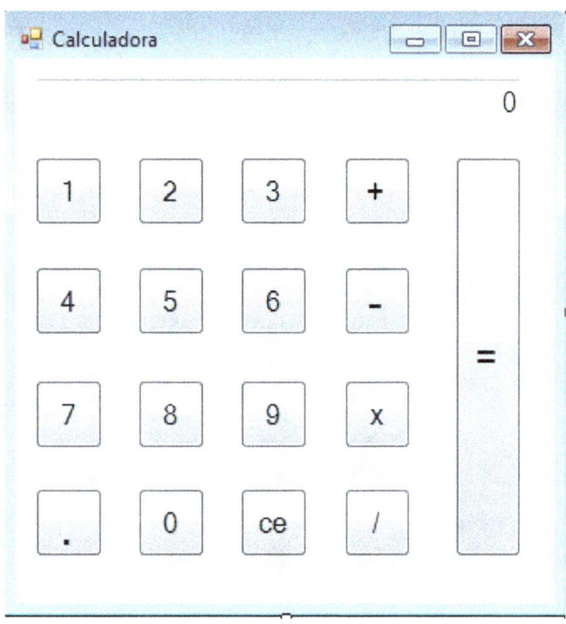

Fig. 10.7 interfaz de la calculadora

En el archivo MainForm.fs colocamos el siguiente código:

```fsharp
module MainForm

open System
open System.Drawing
open System.Windows.Forms

//CLASE A PARTIR DE LA CUAL SE VA A CREAR EL FORMULARIO
type MainForm() as self =
    inherit Form()//Herencia a Form

    //ESPACIO PARA LA DECLARACIÓN DE LOS OBJETOS DEL FORM
    let ctresultado = new TextBox()
    let button1 = new Button()
    let button2 = new Button()
    let button3 = new Button()
    let button4 = new Button()
    let button5 = new Button()
    let button6 = new Button()
    let button7 = new Button()
    let button8 = new Button()
    let button9 = new Button()
    let button0 = new Button()
    let btce = new Button()
    let btpunto = new Button()
    let btsumar = new Button()
    let btresta = new Button()
    let btmultiplicasion = new Button()
    let btdivision = new Button()
```

```fsharp
    let btigual = new Button()

member public this.InitCimponents() =
    //Configuración de la ventana principal
    self.ClientSize <- new Size(322, 317)
    self.Name <- "MainForm"
    self.Text <- "Calculadora"

    // ctResultado
    ctresultado.Location <- new Point(12, 12)
    ctresultado.Name <- "ctResultado"
    ctresultado.Size <- new Size(290, 26)
    ctresultado.TabIndex <- 0
    ctresultado.Text <- "0"
    ctresultado.TextAlign <- HorizontalAlignment.Right

    // button1
    button1.Location <- new Point(12, 57)
    button1.Name <- "button1"
    button1.Size <- new Size(40, 40)
    button1.TabIndex <- 0
    button1.Text <- "1"

    // button2
    button2.Location <- new Point(73, 57)
    button2.Name <- "button2"
    button2.Size <- new Size(40, 40)
    button2.TabIndex <- 1
    button2.Text <- "2"

    // button3
    button3.Location <- new Point(134, 57)
    button3.Name <- "button3"
    button3.Size <- new Size(40, 40)
    button3.TabIndex <- 2
    button3.Text <- "3"

    // button4
    button4.Location <- new Point(134, 121)
    button4.Name <- "button4"
    button4.Size <- new Size(40, 40)
    button4.TabIndex <- 5
    button4.Text <- "6"

    // button5
    button5.Location <- new Point(73, 121)
    button5.Name <- "button5"
    button5.Size <- new Size(40, 40)
    button5.TabIndex <- 4
    button5.Text <- "5"

    // button6
    button6.Location <- new Point(12, 121)
    button6.Name <- "button6"
    button6.Size <- new Size(40, 40)
    button6.TabIndex <- 3
    button6.Text <- "4"
```

```
// button7
button7.Location <- new Point(134, 187)
button7.Name <- "button7"
button7.Size <- new Size(40, 40)
button7.TabIndex <- 8
button7.Text <- "9"

// button8
button8.Location <- new Point(73, 187)
button8.Name <- "button8"
button8.Size <- new Size(40, 40)
button8.TabIndex <- 7
button8.Text <- "8"

// button9
button9.Location <- new Point(12, 187)
button9.Name <- "button9"
button9.Size <- new Size(40, 40)
button9.TabIndex <- 6
button9.Text <- "7"

// button0
button0.Location <- new Point(73, 250)
button0.Name <- "button11"
button0.Size <- new Size(40, 40)
button0.TabIndex <- 10
button0.Text <- "0"

// btce
btce.Location <- new Point(134, 250)
btce.Name <- "btCe"
btce.Size <- new Size(40, 40)
btce.TabIndex <- 9
btce.Text <- "ce"

// btPunto
btpunto.Location <- new Point(12, 250)
btpunto.Name <- "btPunto"
btpunto.Size <- new Size(40, 40)
btpunto.TabIndex <- 18
btpunto.Text <- "."

// btSumar
btsumar.Location <- new Point(196, 57)
btsumar.Name <- "btSumar"
btsumar.Size <- new Size(40, 40)
btsumar.TabIndex <- 12
btsumar.Text <- "+"

// btResta
btresta.Location <- new Point(196, 121)
btresta.Name <- "btResta"
btresta.Size <- new Size(40, 40)
btresta.TabIndex <- 13
btresta.Text <- "-"

// btMultiplicasion
btmultiplicasion.Location <- new Point(196, 187)
```

```fsharp
    btmultiplicasion.Name <- "btMultiplicasion"
    btmultiplicasion.Size <- new Size(40, 40)
    btmultiplicasion.TabIndex <- 14
    btmultiplicasion.Text <- "x"

    // btDivision
    btdivision.Location <- new Point(196, 250)
    btdivision.Name <- "btDivision"
    btdivision.Size <- new Size(40, 40)
    btdivision.TabIndex <- 15
    btdivision.Text <- "/"

    // btIgual
    btigual.Location <- new Point(262, 57)
    btigual.Name <- "btIgual"
    btigual.Size <- new Size(40, 233)
    btigual.TabIndex <- 16
    btigual.Text <- "="

    //Añadir los componentes al formulario
    self.Controls.Add(ctresultado)
    self.Controls.Add(button0)
    self.Controls.Add(button7)
    self.Controls.Add(button8)
    self.Controls.Add(button9)
    self.Controls.Add(button4)
    self.Controls.Add(button5)
    self.Controls.Add(button6)
    self.Controls.Add(button3)
    self.Controls.Add(button2)
    self.Controls.Add(button1)
    self.Controls.Add(btce)
    self.Controls.Add(btpunto)
    self.Controls.Add(btsumar)
    self.Controls.Add(btresta)
    self.Controls.Add(btmultiplicasion)
    self.Controls.Add(btdivision)
    self.Controls.Add(btigual)

//Propiedad usada para acceder a ctresultado
member public this.ctResultado
    with get() =
        ctresultado

//Propiedad usada para acceder al boton
member public this.bt1
    with get() =
        button1

//Propiedad usada para acceder al boton
member public this.bt2
    with get() =
        button2

//Propiedad usada para acceder al boton
member public this.bt3
    with get() =
        button3
```

```fsharp
//Propiedad usada para acceder al boton
member public this.bt4
    with get() =
        button4

//Propiedad usada para acceder al boton
member public this.bt5
    with get() =
        button5

//Propiedad usada para acceder al boton
member public this.bt6
    with get() =
        button6

//Propiedad usada para acceder al boton
member public this.bt7
    with get() =
        button7

//Propiedad usada para acceder al boton
member public this.bt8
    with get() =
        button8

//Propiedad usada para acceder al boton
member public this.bt9
    with get() =
        button9

//Propiedad usada para acceder al boton
member public this.bt0
    with get() =
        button0

//Propiedad usada para acceder al boton
member public this.btCe
    with get() =
        btce

//Propiedad usada para acceder al boton
member public this.btPunto
    with get() =
        btpunto

//Propiedad usada para acceder al boton
member public this.btSumar
    with get() =
        btsumar

//Propiedad usada para acceder al boton
member public this.btResta
    with get() =
        btresta

//Propiedad usada para acceder al boton
member public this.btMultiplicasion
```

```fsharp
        with get() =
            btmultiplicasion

    //Propiedad usada para acceder al boton
    member public this.btDivision
        with get() =
            btdivision

    //Propiedad usada para acceder al boton
    member public this.btIgual
        with get() =
            btigual
```

Y en el archivo MainProgram escribimos el siguiente código:

```fsharp
open System
open System.Drawing
open System.Windows.Forms
open MainForm

let form = new MainForm()//Creación del objeto del formulario principal
let mutable (num1, num2, res) = (0.0, 0.0, 0.0)
let mutable operador = null

//EVENTOS
let Numeros_Click send e =
    let btn = send : Button

    //Si la ctResultado es 0 ó punto
    if form.ctResultado.Text <> "0" || btn.Text = "." then
        //Concatena a la ctResultado la tecla pulsada
        form.ctResultado.Text <- form.ctResultado.Text + btn.Text
    else//De lo contraior
        //ctResultado = tecla pulsada
        form.ctResultado.Text <- btn.Text


let btOperacion_Click send e =
    let btn = send : Button

    if operador = null then
        num1 <- Double.Parse(form.ctResultado.Text)
        form.ctResultado.Text <- "0"
        operador <- btn.Text
    else
        //Simular que se dio click a btIgual
        form.btIgual.PerformClick()
        //Dar click nuevamente al botón pulsado
        btn.PerformClick()

let btIgual_Click send e =
    if num2 = 0.0 then
        num2 <- Double.Parse(form.ctResultado.Text)

    match operador with
        | "+" ->
```

```fsharp
                res <- num1 + num2
        | "-" ->
                res <- num1 - num2
        | "x" ->
                res <- num1 * num2
        | "/" ->
                res <- num1 / num2

    operador <- null
    num1 <- res
    num2 <- 0.0
    form.ctResultado.Text <- res.ToString()

let btCe_Click send e =
    form.ctResultado.Text <- "0"
    num1 <- 0.0
    num2 <- 0.0
    res <- 0.0
    operador <- null


[<EntryPoint>]
[<STAThread>]
let main argv =
    form.InitCimponents()

    //ASIGNACIÓN DE EVENTOS
    form.bt1.Click.Add(Numeros_Click form.bt1)
    form.bt2.Click.Add(Numeros_Click form.bt2)
    form.bt3.Click.Add(Numeros_Click form.bt3)
    form.bt4.Click.Add(Numeros_Click form.bt4)
    form.bt5.Click.Add(Numeros_Click form.bt5)
    form.bt6.Click.Add(Numeros_Click form.bt6)
    form.bt7.Click.Add(Numeros_Click form.bt7)
    form.bt8.Click.Add(Numeros_Click form.bt8)
    form.bt9.Click.Add(Numeros_Click form.bt9)
    form.bt0.Click.Add(Numeros_Click form.bt0)
    form.btPunto.Click.Add(Numeros_Click form.btPunto)
    form.btSumar.Click.Add(btOperacion_Click form.btSumar)
    form.btResta.Click.Add(btOperacion_Click form.btResta)
    form.btMultiplicasion.Click.Add(btOperacion_Click form.btMultiplicasion)
    form.btDivision.Click.Add(btOperacion_Click form.btDivision)
    form.btIgual.Click.Add(btIgual_Click form.btIgual)
    form.btCe.Click.Add(btCe_Click form.btCe)

    Application.EnableVisualStyles()//Obtener la apariancia del tema actual de
Windows
    Application.Run(form)//Correr el formulario

    0
```

10.9 Ejercicios propuestos

Ejercicio 1: Hacer un programa que nos permita realizar converciones de temperaturas entre los sistemas de medición °C, °F y °K. El resultado será desplegado a través de un mensaje. La interfaz estará compuesta por etiquetas, cajas de texto, botones y combobox. La interfaz a implementar en el programa se muestra en la figura 10.8.

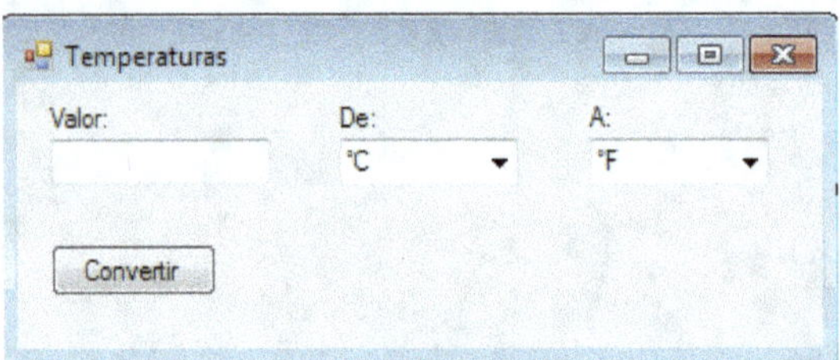

Fig. 10.8 Interfaz a implementar

Ejercicio 2: Hacer un programa que visualice la hora actual del sistema en formato digital. La hora deberá de ser desplegado con las horas, minutos y segundos. El programa deberá de hacer uso de una etiqueta y de un timer. En la figura 10.9 se aprecia la interfaz a implementar en el programa.

Fig. 10.9 Interfaz del reloj digital

Ejercicio 3: Hacer un programa que nos permita introducir vía combobox la fecha de nacimiento y despliegue en un mensaje la edad actual del usuario. El mensaje deberá de decir: "Su edad actual es X años, Y meses y Z días". El programa deberá de hacer uso de 3 combobox. En la figura 10.10 se aprecia la interfaz a implementar en el programa.

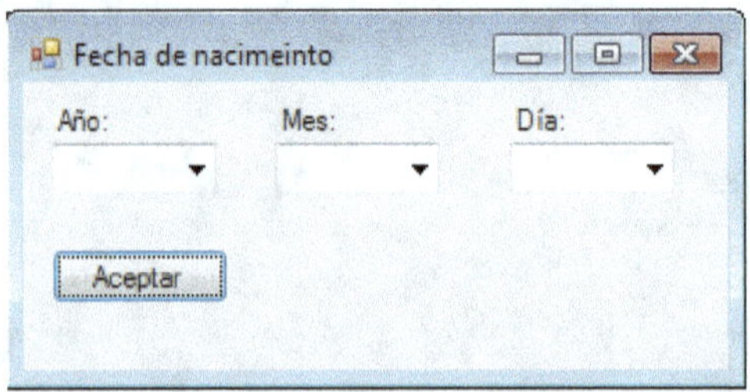

Fig. 10.10 Interfaz a implementar en el programa

Ejercicio 4: Añadir el ejercicio 5 de la sección ejercicios resueltos las opciones de raíz cuadrada y potencia.

Capítulo 11: Conexiones a una base de datos

Una conexión a una base de datos permite a nuestra aplicasión interactuar con datos almacenados en programas llamados Sistemas Gestores de Bases de Datos los cuales pueden estar en un equipo independiente y ajeno al equipo en donde se ejecutará nuestra aplicación. Para realizar la conección a una base de datos es necesario conocer el sistema gertor de base de datos al que pertenece la base de datos a la cual nos queremos conectar y tener los drivers específicos del sistema gestor para podernos conectar a la base de datos y manipular los datos contenidosen ésta. En este capítulo se mostrará cómo conectarse a los sistemas gestores de bases de datos Access y Sql.

11.1 Objetos para conectarse a una base de datos.

Para poder trabajar con datos es necesario conecer el funcionamiento de los siguientes objetos:

- DataSet: este objeto contiene un conjunto de datos los cuales pueden ser varios DataTables. Se ubica dentro de la librería System.Data.
- DataTable: este objeto es un contenedor de datos ordenados en forma de tabla, está compuesto por DataColumns y DataRows. Se ubica dentro de la librería System.Data.
- DataColumns: este objeto contiene los nombres de las comunas de un DataTables. Se ubica dentro de la librería System.Data.
- DataRow: representa una fila de datos dentro del DataTable. Se ubica dentro de System.Data.
- DataView: este objeto contiene una vista personalisada de un DataTable. Se ubica dentro de la librería System.Data.

11.2 Proveedores de datos.

Los proveedores de datos son el puente entre nuestra aplicación y la base de datos y se utilizan para recuperar y actualizar los datos pertenecientes a una determinada base de datos. Sus principales componentes son:

- Connection: este objeto nos permite conectarnos a nuestro sistema gestor de bases de datos.
- Comand: este objeto representa o contiene código del tipo SQL el cual es necesario para interactuar los los datos almacenados en nuestra base de datos.
- DataReader: este objeto proveé una vía para poder leer los datos almacenados en una base de datos.

- DataAdapter: contienen un conjunto de instrucciones SQL y una conexión a una base de datos necesarios para llenar un DataSet y poder trabajar con la base de datos.

.NET incluye los siguientes proveedores de datos dentro de su plataforma:

- ODBC: permite establecer una conexión a distintos Sistemas Gestores de Bases de Datos. Se ubica dentro de la librería **System.Data.Odbc**.
- OLEDB: funciona de manera similar a ODBC. Se ubica dentro de la librería **System.Data.OleDb**.
- OracleClient: permite establecer una conexión con el Sistema Gestor de Oracle. Se ubica dentro de la librería **System.Data.OracleClient**.
- SQLServer: permite establecer una conexión con el Sistema Gestor de SQL. Se ubica dentro de la librería **System.Data.SqlClient**.
- Access: permite establecer una conexión con el Sistema Gestor de Jet del cual hace uso Access. El proveedor de datos usado para acces es propieamnete el OLEDB.

11.2.1 Creación de objetos para la conexión a una base de datos.

Para crear los objetos de los componentes de los distintos proveedores de datos es necesario importar la librería correspondiente al proveedor de datos y crear el objeto que necesitemos. Toda conexión a una base de datos necesita de los objetos **Connection, Comand**. El DataReader se usa sólo cuando deseamos mostrar los datos mas no modificarlos.

El objeto Connection nos permite realizar una conexión a una base de datos. Dependiendo del proveedor de datos a usar su creación varía, aunque el objeto más usado es el de tipo SQL. Si se desea establecer una conexión con un proveedor de tipo Oracle se usa el OracleConnection, para Sql el SqlConnection. Todo objeto Connection debe de recibir un parámetro de tipo string, el cual contiene la cadena de conexión a la base de datos la cual es única para cada proveedor de datos, aunque todas cuentan con 2 elementos principales: el origen de datos y la base de datos a conectar. En el ejemplo 11.1 se aprecia la creación del objeto conexión a Sql mientras que en el ejemplo 11.2 se aprecia la creación del mismo objeto para Access.

Ejemplo 11.1

```
open System.Data.SqlClient

let mutable conexión = null//Objeto conexión

let strConexión = @"Data Source=.\sqlexpress;Initial Catalog=Agenda;Integrated
        Security=True"

conexión <- new SqlConnection(strConexión)//Creasión del objeto conexión
```

Ejemplo 11.2

```
open System.Data.OleDb

let mutable conexión = null//Objeto conexión

let strConexión = @"Provider=Microsoft.Jet.OLEDB.4.0;Data Source=Agenda.mdb"
conexión <- new OleDbConnection(strConexión)//Creasión del objeto conexión
```

El objeto comand nos permite establecer el comando SQL a ejecutar. En el ejemplo 11.3 se aprecia la creación del objeto comand en para SQL y en el ejemplo 11.4 se aprecia la creación del mismo objeto para Access.

Ejemplo 11.3

```
open System.Data.SqlClient

let mutable comando = null//Objeto comando

//Crear el objeto comando
comando <- new SqlCommand()

//Establecer su conexión
comando.Connection <- conexión

//Establecer la consulta a ejecutar
comando.CommandText <- "select * from Persona"
```

Ejemplo 11.4

```
open System.Data.OleDb

let mutable comando = null//Objeto commando

//Crear el objeto comando
comando <- new OleDbCommand()
//Establecer su conexión
comando.Connection <- conexión

//Establecer la consulta a ejecutar
comando.CommandText <- "select * from Persona"
```

11.3 Creación de una base de datos en Access.

Antes de realizar un ejemplo de conexión a una base de datos debemos de crear las bases de datos a usar. En esta sección se explicará cómo crear la base de datos agenda en Access. Para esto abrimos Access y seleccionamos la opción de base de datos en blanco. Una vez creada la base de datos procedemos a crear las tablas necesrias dando click en la opcón de crear y elegimos la opción de tabla. En la figura 11.1 se apresia la opción de crear tabla.

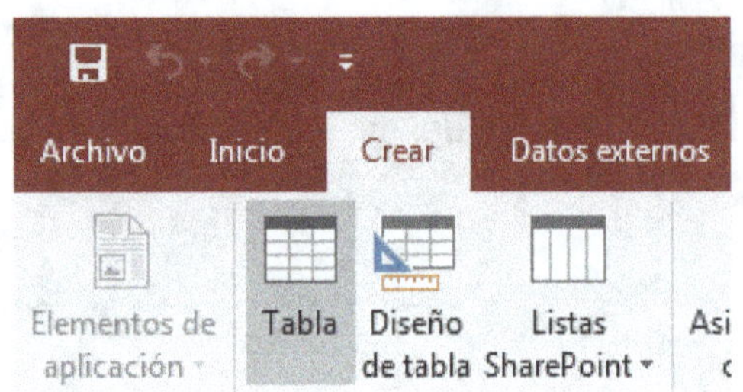

Fig. 11.1 creación de una tabla en Access

Una vez creada la tabla nos dirigimos a la opción de **ver** y seleccionamos **Vista de diseño** para poder diseñar nuestra tabla. En la figura 11.2 se aprecia la opción de vista de diseño.

Fig 11.2 Vista de diseño de la tabla

Una vez seleccionada la vista de diseños nos pedirá que le asignemos un nombre a nuestra tabla, en este caso le asignaremos en nombre de Personas. En la figura 11.3 se apresia la asignación de nombre a la tabla.

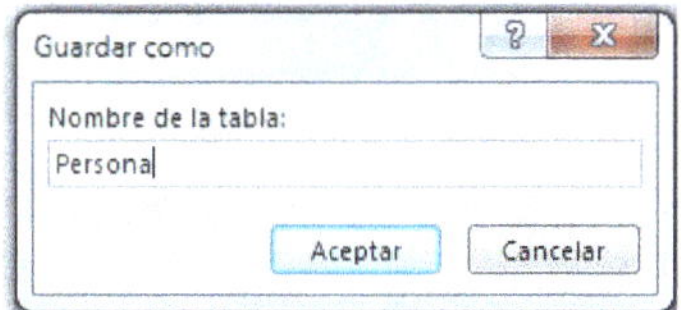

Fig 11.3 Asignación de nombre a la tabla

Ahora procedemos a crear los campos idPersona de tipo autonumérico, Nombre de tipo texto largo y Dirección de tipo texto largo. En la figura 11.4 se aprecia la creación de los campos de la tabla.

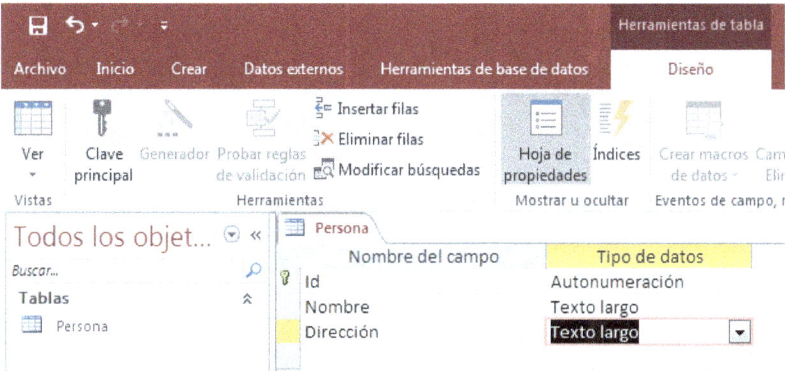

Fig 11.4 Creación de los campos de la tabla.

Una vez que hemos finalizado de crear los campos de nuetrs tabla nos dirigimos nuevamente a la opción de **ver** y seleccionamos la opción de **vista de hoja de datos**. En la figura 11.5 se aprecia la opción de vista de hoja de datos.

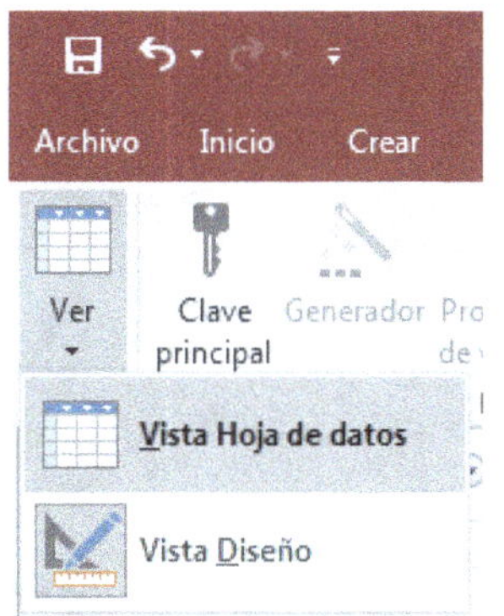

Fig 11.5 Vista de hoja de datos.

Al momento de seleccionar la vista de hoja de datos nos preguntara si deseamos gustrdar la tabla, elegimos la opción de Sí. Ahora que ya tenemos diseñada nuetra tabla procedemos a insertar datos en ésta, para esto empesamos a llenar los campos de nombre y dirección con la información correspondiente. El campo de id no se llena debido a que es de tipo autonumérico.

Posteriormente proecedemos a crear la trabla de teléfono de manera similar a como creamos la tabla de Persona. La tabla de Teléfonos contedrá los campos de id de tipo autonumérico, idPersona de tipo numero y teléfono de tipo texto corto.

Finalmente, para terminar con el diseño de nuetra base de datos procedemos ahora a crear las relaciones existentes entre las tablas. Para esto nos dirigimos a la opción de **Herramientas de bases de datos** y elegimos **Relaciones**. En la figura 11.6 se aprecia la opción de relaciones.

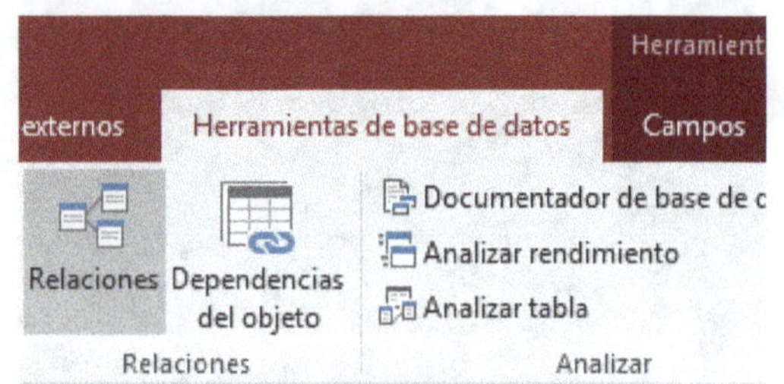

Fig 11.6 Creación de relaciones entre las tablas.

En la ventana desplegada seleccionamos todas las tablas y damos click en el botón de Aceptar para añadir las tablas y porteriormente damos click en el botón de cerrar. Ahora, damos click sobre le campo id de la tabla persona y lo arrastramos hacia el campo idPersona de la tabla teléfonos y lo soltamos. En la venta desplegada seleccionamos la opción de **Exigir integridad referencial** y damos click en el botón de crear. Con esto hemos terminado de diseñar nuestra base de datos. En la figura 11.7 se aprecia la relación que hemos creado entre las tablas.

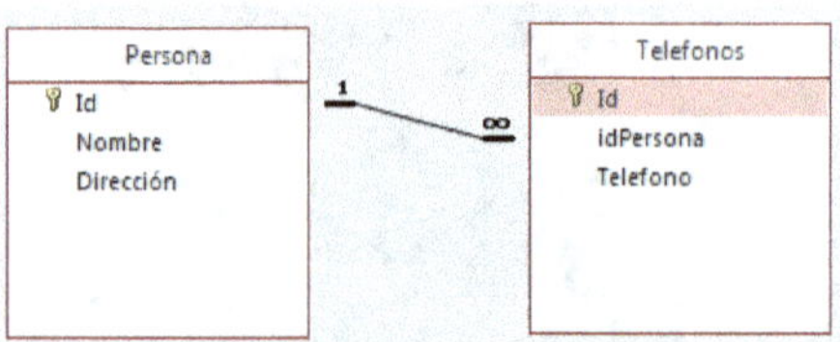

Fig. 11.7 Relación entre tablas.

Para probar las aplicaciones a crear vamos a insertar algunos datos a nuestras tablas. Es importante que primero llenemos los campos de la tabla Personas y posteriormente los campos de la tabla Telefonos.

11.4 Creación de una base de datos en SQL.

En esta sección se explicará cómo crear la base de datos agenda en SQL. Para esto haremos uso de un query el cual contendrá el código necesario para crear la base de datos junto con sus tablas y relaciones. Lo primero que debemos hacer es abrir la interfaz de SQL y elegir la opción de nuevo query. En la figura 11.8 de aprecia la opción de nuevo query.

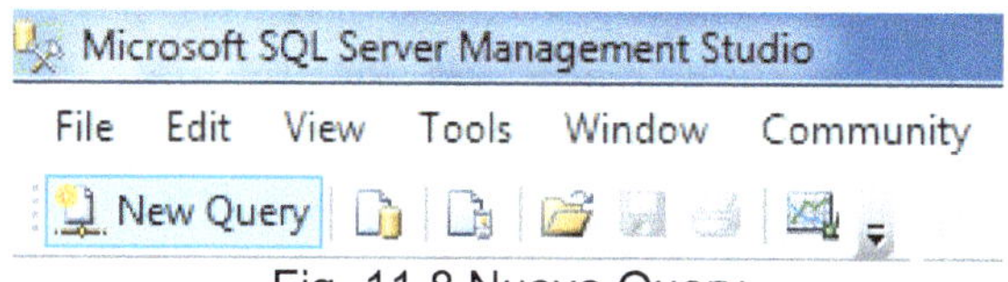

Fig. 11.8 Nuevo Query

En la interfaz en blanco (parecida a un bloc de notas) procedemos a escribir el código tal y como se muestra en el ejemplo 11.5.

Ejemplo 11.5

```sql
--Crear la base de datos Agenda
create database Agenda;

--Usar la base de datos agenda
use Agenda;

--Crear la tabla Personas
create table Personas(
    id int identity(1, 1) primary key,
    Nombre Text,
    Dirección Text
);

--Crear la tabla Telefonos
create table Telefonos(
    id int identity(1, 1) primary key,
    idPersona int not null references Personas(id),
    Telefono text
);

--Insertar datos a la tabla Personas
insert into Personas values('Jose', 'San Juan del Rio 123');
insert into Personas values('Carlos', 'Fresnos 85-A');
insert into Personas values('Viridiana', 'El encanto 5121');

--Seleccionar los datos de la tabla Personas
select * from Personas;

--Insertar datos en la tabla Telefonos
insert into Telefonos values(1, '46217326471');
```

```sql
insert into Telefonos values(1, '64521749273');
insert into Telefonos values(2, '5482315397');
insert into Telefonos values(3, '4825334127');

--Seleccionar los datos de la tabla Telefonos
select * from Telefonos;
```

Al igual que en el case de Access vamos a insertar algunos datos a nuestras tablas para probar nuestra base de datos en las aplicaciones a realizar. Es importante que primero llenemos los campos de la tabla Personas y posteriormente los campos de la tabla Telefonos.

11.5 Conexión a una base de datos en Access.

Para crear nuestro primer programa que se conecte a una base de datos en Access lo haremos en una aplicación de consola; por lo tanto, procedemos a crear una aplicación de consola. Nuestra primera aplicación mostrará únicamente los datos contenidos en la tabla de Personas. Lo primero que debemos de hacer es declarar las librerías necesarias, las cuales en este caso son **System, System.Data** y **System.Data.OleDb** quedando nuestro código de la siguiente menera:

```fsharp
open System
open System.Data
```

Posteriormente procedemos a declarer los objetos necesarios los cuales para esra aplicación son: **conexión, comando** y **lector**.

```fsharp
let mutable conexión = null//Objeto conexión
let mutable comando = null//Objeto comando
let mutable lector = null
```

Una vez declarados los objetos necesarios procedemos a conectarnos con la bse de datos. Para esto definimos el método Conectar.

```fsharp
let Conectar =
    try
        //Establecer la cadena de conexión
        let strConexión = @"Provider=Microsoft.Jet.OLEDB.4.0;Data Source=Agenda.mdb"
        //Conectar con la BD
        conexión <- new OleDbConnection(strConexión)
        //Abrir la conexión con la BD
        conexión.Open()

    with | ex ->
        //Mostrar mensaje de error
        printf "Error: %s" (ex.Message)
```

Ahora que definimos, creamos y establecemos la conexión con nuestra base de datos lo siguiente a hacer es leer los datos que nos interesan contenidos en nuestra base de datos; en este caso vamos a leer los datos de la tabla Personas a través del método leerDatos.

```fsharp
let leerDatos =
    try
        if conexión <> null
        then
            //Crear el objeto comando
            comando <- new OleDbCommand()
            //Establecer su conexión
            comando.Connection <- conexión
            //Establecer la consulta a ejecutar
            comando.CommandText <- "select * from Persona"

            (*
            Crear el lector de datos. El ExecuteReader
            hace la consulta y devuelve un slqDataReader
            *)
            lector <- comando.ExecuteReader()

            printfn "Nombre\t\tDirección"

            //mientras haya datos que leer en la BD
            while lector.Read()
                do
                //Mostrar los datos
                printf "%s\t\t" (lector.[1].ToString())
                printfn "%s" (lector.[2].ToString())
            done

            printfn ""

            //Cerrar el lector
            lector.Close()

    with | ex ->
        //Mostrar mensaje de error
        printf "Error: %s" (ex.Message)
```

Despues de accede a los datos que queremos, el siguiente paso es cerrar la conexión con la base de datos. Para eso definimos el método CerrarConexion.

```fsharp
let CerrarConexión =
    if conexión <> null
    then
        conexión.Close()//Cerrar la conexión
        conexión <- null

    if comando <> null
    then
```

```
        comando <- null
```

Finalmente mandamos llamar los métodos. El código completo se aprecia en el ejemplo 11.6.

Ejemplo 11.6

```
open System
open System.Data
open System.Data.OleDb//Necesaria para trabajar con Access

let mutable conexión = null//Objeto conexión
let mutable comando = null//Objeto comando
let mutable lector = null

let Conectar =
    try
        //Establecer la cadena de conexión
        let strConexión = @"Provider=Microsoft.Jet.OLEDB.4.0;Data
Source=C:\Agenda.mdb"
        //Conectar con la BD
        conexión <- new OleDbConnection(strConexión)
        //Abrir la conexión con la BD
        conexión.Open()

    with | ex ->
        //Mostrar mensaje de error
        printf "Error: %s" (ex.Message)

let leerDatos =
    try
        if conexión <> null
        then
            //Crear el objeto comando
            comando <- new OleDbCommand()
            //Establecer su conexión
            comando.Connection <- conexión
            //Establecer la consulta a ejecutar
            comando.CommandText <- "select * from Persona"

            (*
            Crear el lector de datos. El ExecuteReader
            hace la consulta y devuelve un OleDbDataReader
            *)
            lector <- comando.ExecuteReader()

            printfn "Nombre\t\tDirección"

            //mientras haya datos que leer en la BD
            while lector.Read()
                do
                //Mostrar los datos
                printf "%s\t\t" (lector.[1].ToString())
                printfn "%s" (lector.[2].ToString())
            done
```

```fsharp
        printfn ""

        //Cerrar el lector
        lector.Close()

    with | ex ->
        //Mostrar mensaje de error
        printf "Error: %s" (ex.Message)

let CerrarConexión =
        if conexión <> null
        then
            conexión.Close()//Cerrar la conexión
            conexión <- null

        if comando <> null
        then
            comando <- null

Conectar
leerDatos
CerrarConexión
Console.ReadKey() |> ignore
```

11.6 Conexión a una base de datos en SQL.

Para crear una aplicación que se conecte a una base de datos en SQL
procedemos de manera similir a como lo hicimos para Access. Una vez creada la
aplicación procedemos a declarar las librerías necesarias, las cuales en este caso
son **System, System.Data** y **System.Data.SqlClient** quedando nuestro código de
la siguiente menera:

```fsharp
open System
open System.Data
open System.Data.SqlClient//Necesaria para trabajar con SQL
```

Posteriormente procedemos a declarer los objetos necesarios los cuales para esra
aplicación son: **conexión, comando** y **lector**.

```fsharp
let mutable conexión = null//Objeto conexión
let mutable comando = null//Objeto comando
let mutable lector = null
```

Una vez declarados los objetos necesarios procedemos a conectarnos con la bse
de datos. Para esto definimos el método Conectar.

```fsharp
let Conectar =
    try
```

```
        //Establecer la cadena de conexión
        let strConexión = @"Data Source=.\sqlexpress;Initial
Catalog=Agenda;Integrated Security=True"
        //Conectar con la BD
        conexión <- new SqlConnection(strConexión)
        //Abrir la conexión con la BD
        conexión.Open()

    with | ex ->
        //Mostrar mensaje de error
        printf "Error: %s" (ex.Message)
```

Ahora que definimos, creamos y establecemos la conexión con nuestra base de
datos lo siguiente a hacer es leer los datos que nos interesan contenidos en
nuestra base de datos; en este caso vamos a leer los datos de la tabla Personas a
través del método leerDatos.

```
let leerDatos =
    try
        if conexión <> null
        then
            //Crear el objeto comando
            comando <- new SqlCommand()
            //Establecer su conexión
            comando.Connection <- conexión
            //Establecer la consulta a ejecutar
            comando.CommandText <- "select * from Personas"

            (*
            Crear el lector de datos. El ExecuteReader
            hace la consulta y devuelve un slqDataReader
            *)
            lector <- comando.ExecuteReader()

            printfn "Nombre\t\tDirección"

            //mientras haya datos que leer en la BD
            while lector.Read()
                do
                //Mostrar los datos
                printf "%s\t\t" (lector.[1].ToString())
                printfn "%s" (lector.[2].ToString())
            done

            printfn ""

            //Cerrar el lector
            lector.Close()

    with | ex ->
        //Mostrar mensaje de error
        printf "Error: %s" (ex.Message)
```

Despues de accede a los datos que queremos, el siguiente paso es cerrar la conexión con la base de datos. Para eso definimos el método CerrarConexion.

```fsharp
let CerrarConexión =
    if conexión <> null
    then
        conexión.Close()//Cerrar la conexión
        conexión <- null

    if comando <> null
    then
        comando <- null
```

Finalmente mandamos llamar los métodos. El código completo se aprecia en el ejemplo 11.7.

Ejemplo 11.7

```fsharp
open System
open System.Data
open System.Data.SqlClient//Necesaria para trabajar con SQL

let mutable conexión = null//Objeto conexión
let mutable comando = null//Objeto comando
let mutable lector = null

let Conectar =
    try
        //Establecer la cadena de conexión
        let strConexión = @"Data Source=.\sqlexpress;Initial
Catalog=Agenda;Integrated Security=True"
        //Conectar con la BD
        conexión <- new SqlConnection(strConexión)
        //Abrir la conexión con la BD
        conexión.Open()

    with | ex ->
        //Mostrar mensaje de error
        printf "Error: %s" (ex.Message)

let leerDatos =
    try
        if conexión <> null
        then
            //Crear el objeto comando
            comando <- new SqlCommand()
            //Establecer su conexión
            comando.Connection <- conexión
            //Establecer la consulta a ejecutar
            comando.CommandText <- "select * from Personas"

            (*
            Crear el lector de datos. El ExecuteReader
            hace la consulta y devuelve un slqDataReader
            *)
```

```fsharp
        lector <- comando.ExecuteReader()

        printfn "Nombre\t\tDirección"

        //mientras haya datos que leer en la BD
        while lector.Read()
            do
            //Mostrar los datos
            printf "%s\t\t" (lector.[1].ToString())
            printfn "%s" (lector.[2].ToString())
        done

        printfn ""

        //Cerrar el lector
        lector.Close()

    with | ex ->
        //Mostrar mensaje de error
        printf "Error: %s" (ex.Message)

let CerrarConexión =
    if conexión <> null
    then
        conexión.Close()//Cerrar la conexión
        conexión <- null

    if comando <> null
    then
        comando <- null

Conectar
leerDatos
CerrarConexión
Console.ReadKey() |> ignore
```

Tal y como se aprecia en los ejemplos 11.6 y 11.7 la coneccióna tanto a Access como a SQL es exactamente la misma cambiando únicamente el proveedor de datos (OleDb y SqlClien). Por tal motivo, en los ejemplos posteriores del presente capitulo se trabajará únicamente con SQL.

11.7 Conexión mediante las clases de .NET.

Cuando una aplicación se conecta a una base de datos medienta las clases y propiedades propias de los objetos de .NET se le suele llamar "conexión mediante clases de .NET" ya que su manera de conectar con la base de datos es distinta a las conexiones mediante el proveedor de tipos de F# y Linq los cuales se verán más adelante en este capítulo.

11.7.1 Mostrar datos en un DataGridView.

Para poder mostrar datos en un DataGridView es necesario diseñar un formulario determinando los componentes que formarán parte de este, así como los objetos necesarios para realizar la conexión. Para el diseño de la aplicación vamos a dividir nuestro proyecto en dos códigos fuentes: MainProgram.fs y MainForm.Designer.fs. El proceso de creación de formularios y su diseño se vé más detalladamente en el capitulo 10. En el archivo MainForm.fs se van a crear todos los componentes de la interfaz gráfica; dichos componentes se pueden observar en la tabla 11.1 así como sus propiedades a implementar.

Objeto	Propiedades
Form	• ClientSize: 499, 277 • Text: Agenda
Label (etPersona)	• Location: 12, 9 • Text: Personas • Size: 51, 13
DataGridView (tbDatos)	• AutoSizeColumnsMode: Fill • Location: 12, 25 • Size: 475, 240

Tabla 11.1 Obtetos y propiedades del formulario

Una vez que hemos definido los objetos y sus propiedades se procede a estableer el código correspondiente a la interfaz gráfica en el archivo MaiForm.fs el cual contendrá todos los objetos y propiedades necesarias para la conexión, así como la configuración del DataGridView para su acceso a los datos. En el ejemplo 11.8 se aprecia el código perteneciente al archivo MainForm.fs.

Ejemplo 11.8

```
module MainForm

open System
open System.Data
open System.Data.SqlClient
open System.Drawing
open System.Windows.Forms

let tbDatos = new DataGridView()
let etPersonas = new Label()

let mutable conexión = null//Objeto conexión
let mutable adaptadorDatos = null//Objeto adaptadorDatos
let mutable comando = null//Objeto comando
let mutable estableserDatos = null//Objeto estableserDatos

let MainForm_Load send e =
    try
```

```fsharp
        try
                conexión <- new SqlConnection(@"Data Source=.\sqlexpress;Initial
Catalog=Agenda;Integrated Security=True")//Creación del objeto conexión

                comando <- new SqlCommand()//Creación del objeto comando
                adaptadorDatos <- new SqlDataAdapter()//Creación del objeto
adaptadorDatos
                estableserDatos <- new DataSet()//Creación del objeto estableserDatos

                adaptadorDatos.SelectCommand <- comando//Estableser el comando SELECT

                //Estableser la conexión del adaptadorDatos
                adaptadorDatos.SelectCommand.Connection <- conexión

                conexión.Open()//Abrir la conexión con el servidor

                //Ejecutar select
                comando.CommandText <- "SELECT * FROM Personas"
                adaptadorDatos.Fill(estableserDatos, "Personas") |> ignore

                //Mostrar datos en la tabla
                tbDatos.DataSource <- estableserDatos.Tables.["Personas"]

        with | ex ->
                //Mostrar mensaje de error
                MessageBox.Show(ex.Message) |> ignore
        finally
            conexión.Close()//Cerrar la conexión

            if conexión <> null
            then
                conexión <- null

            if comando <> null
            then
                comando <- null

            if adaptadorDatos <> null
            then
                adaptadorDatos <- null

            if estableserDatos <> null
            then
                estableserDatos <- null


type MainForm() as self =
    inherit Form()
    member public this.InitCimponents() =
        //Configuración de la ventana principal
        self.ClientSize <- new Size(499, 277)
        self.Text <- "Agenda"
        self.Load.Add(MainForm_Load self)

        //etPersonas
        etPersonas.Location <- new Point(12, 9)
        etPersonas.Text <- "Personas"
        etPersonas.Size <- new Size(51, 13)
```

```fsharp
    etPersonas.TabIndex <- 0

    //tbDatos
    tbDatos.AutoSizeColumnsMode <- DataGridViewAutoSizeColumnsMode.Fill
    tbDatos.Location <- new Point(12, 25)
    tbDatos.Size <- new Size(475, 240)
    tbDatos.TabIndex <- 1

    //Añadir los componentes al formulario
    self.Controls.Add(tbDatos)
    self.Controls.Add(etPersonas)
```

Despues, procedemos a escribir el código del archivo MainProgram.fs el cual será el encargago de lanzar la IGU. En el ejemplo 11.9 se aprecia el código del archivo MainProgram.fs.

Ejemplo 11.9

```fsharp
open System
open System.Windows.Forms
open MainForm

let frPersonas = new MainForm()

[<STAThread>]
frPersonas.InitCimponents()
Application.EnableVisualStyles()
Application.Run(frPersonas)
```

Como se aprecia en el ejemplo 11.8, para vincular un DataGridView con los datos contenidos en una base de datos es necesario establecerle a su propiedad **DataSource** un objeto de tipo **DataSet** el cual contiene la información en las tablas de la base de datos.

Ejemplo 11.10

```fsharp
//Mostrar datos en la tabla
form.tdDatos.DataSource <- estableserDatos.Tables.["Personas"]
```

En el ejemplo 11.10 se aprecia la línea en donde se le establece el **DataSet** al DataGridView a atravéz de la propiedad **DataSource**. En el DataSet se le debe de especificar en su propiedad de **Tables** la tabla de la cual se desea sacar los datos.

Finalmente, guardamos los cambios en nuestra aplicación, complilamos y ejecutamos y nuestra aplicación deberá de mostrar los datos de la tabla Personas. En le figura 11.9 se aprecia la aplicación conectada a la base de datos.

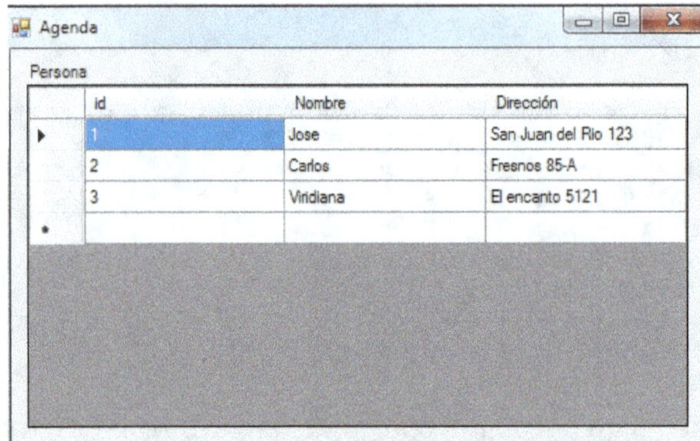

Fig. 11.9 Datos en un DataGridView

11.7.2 Mostrar datos en un formulario.

Para esto procedemos primero a diseñar el formulario dividiendo nuestro proyecto en dos códigos fuentes: MainProgram.fs y MainForm.fs. Al igual que en la aplicación del DataGridView, en el archivo MainForm.fs se van a crear todos los componentes de la interfaz gráfica; dichos componentes se pueden observar en la tabla 11.2 así como sus propiedades a implementar.

Objeto	Propiedades
Form	• ClientSize: 284, 262 • Text: Agenda
Label1 (Label1)	• Location = 23, 19 • Size = 21, 13 • Text = ID:
Label2 (etId)	• Location = 78, 19 • Size = 21, 13 • Text = ID:
Label3 (etNombre)	• Location = 23, 69 • Size = 47, 13 • Text = Nombre:
TextBox1 (ctNombre)	• Location = 81, 65 • Size = 163, 20
Label4 (etDireccion)	• Location = 23, 126 • Size = 55, 13 • Text = Dirección:
TextBox2 (ctDireccion)	• Location = 81, 123 • Size = 163, 20

Tabla 11.2 Obtetos y propiedades del formulario

Una vez que hemos definido los objetos y sus propiedades se procede a estableer el código correspondiente a la interfaz gráfica. En el ejemplo 11.11 se aprecia el código perteneciente al archivo MainForm.fs el cual contendrá todos los objetos y propiedades necesarias para la conexión, así como la configuración de los objetos del formulario que tienen acceso a los datos.

Ejemplo 11.11

```fsharp
module MainForm

open System
open System.Data
open System.Data.SqlClient
open System.Drawing
open System.Windows.Forms

let label1 = new Label()
let etId = new Label()
let etNombre = new Label()
let etDireccion = new Label()
let ctNombre = new TextBox()
let ctDireccion = new TextBox()

let mutable conexión = null//Objeto conexión
let mutable adaptadorDatos = null//Objeto adaptadorDatos
let mutable comando = null//Objeto comando
let mutable estableserDatos = null//Objeto estableserDatos

let MainForm_Load send e =
    try
        try
            conexión <- new SqlConnection(@"Data Source=.\sqlexpress;Initial
Catalog=Agenda;Integrated Security=True")//Creación del objeto conexión

            comando <- new SqlCommand()//Creación del objeto comando
            adaptadorDatos <- new SqlDataAdapter()//Creación del objeto
adaptadorDatos
            estableserDatos <- new DataSet()//Creación del objeto estableserDatos

            adaptadorDatos.SelectCommand <- comando//Estableser el comando SELECT
            //Estableser la conexión del adaptadorDatos
            adaptadorDatos.SelectCommand.Connection <- conexión

            conexión.Open()//Abrir la conexión con el servidor

            //Ejecutar delete
            comando.CommandText <- "delete from Personas where(id = 4)"
            comando.ExecuteNonQuery() |> ignore

            //Ejecutar select
            comando.CommandText <- "SELECT * FROM Personas"
            adaptadorDatos.Fill(estableserDatos, "Personas") |> ignore

            //Acceso a un elemento específico en una columna de la tabla
```

```fsharp
            etId.Text <-
estableserDatos.Tables.["Personas"].Rows.[0].ItemArray.[0].ToString()
            ctNombre.Text <-
estableserDatos.Tables.["Personas"].Rows.[0].ItemArray.[1].ToString()
            ctDireccion.Text <-
estableserDatos.Tables.["Personas"].Rows.[0].ItemArray.[2].ToString()

        with | ex ->
            //Mostrar mensaje de error
            MessageBox.Show(ex.Message) |> ignore
    finally
        conexión.Close()//Cerrar la conexión

        if conexión <> null
        then
            conexión <- null

        if comando <> null
        then
            comando <- null

        if adaptadorDatos <> null
        then
            adaptadorDatos <- null

        if estableserDatos <> null
        then
            estableserDatos <- null

type MainForm() as self =
    inherit Form()

    member public this.InitCimponents() =
        //Configuración de la ventana principal
        self.ClientSize <- new Size(284, 262)
        self.Text <- "Agenda"
        self.Load.Add(MainForm_Load self)

        // label1
        label1.Location <- new Point(23, 19)
        label1.Size <- new Size(21, 13)
        label1.TabIndex <- 1
        label1.Text <- "ID:"

        // etId
        etId.Location <- new Point(78, 19)
        etId.Size <- new Size(21, 13)
        etId.TabIndex <- 1
        etId.Text <- "ID:"

        // etNombre
        etNombre.Location <- new Point(23, 69)
        etNombre.Size <- new Size(47, 13)
        etNombre.TabIndex <- 3
        etNombre.Text <- "Nombre:"

        // ctNombre
        ctNombre.Location <- new Point(81, 65)
```

```
    ctNombre.Size <- new Size(163, 20)
    ctNombre.TabIndex <- 4

    // etDireccion
    etDireccion.Location <- new Point(23, 126)
    etDireccion.Size <- new Size(55, 13)
    etDireccion.TabIndex <- 5
    etDireccion.Text <- "Dirección:"

    // ctDirección
    ctDireccion.Location <- new Point(81, 123)
    ctDireccion.Size <- new Size(163, 20)
    ctDireccion.TabIndex <- 6

    //Añadir los componentes al formulario
    self.Controls.Add(label1)
    self.Controls.Add(etId)
    self.Controls.Add(etNombre)
    self.Controls.Add(ctNombre)
    self.Controls.Add(etDireccion)
    self.Controls.Add(ctDireccion)
```

Al acabar de diseñar el formulario el siguiente paso tal y como lo vimos en el ejemplo del DataGridView es escribe el código del archivo MainProgram.fs. En el ejemplo 11.12 se aprecia el código del archivo MainProgram.fs.

Ejemplo 11.12

```
open System
open System.Windows.Forms
open MainForm

let form = new MainForm()

[<STAThread>]
form.InitCimponents()
Application.EnableVisualStyles()
Application.Run(form)
```


En el ejemplo 11.11 se aprecia la línea de código **estableserDatos.Tables.["Personas"].Rows.[0].ItemArray.[0].ToString()** la cual le dice a nuetra aplicación que queremos acceder a la columna 0 en la fila 0 de la tabla personas la cual se encuatra almacenada en un **DataSet**. Una vez obtenido el dato se muestra este valor en la etiqueta etId a través de su propiedad Text (form.etId.Text) quedando la línea completa de la siguiente manera: **etId.Text <- estableserDatos.Tables.["Personas"].Rows.[0].ItemArray.[0].ToString()**. De manera similar se le asigna un valor a la caja de texto ctNombre y a la caja de texto ctDireccion unacamente cambiando el valor de la columna a la cual deseamos acceder. Para especificar la columna a la cual queremos acceder se hace através de **ItemArray** la cula convierte la fila referenciada en la tabla en un arreglo.

11.7.3 Desplazarse a través de los datos.

Como se muetra en el ejemplo 11.12, si queremos mostrar los datos pertenecientes a una base de datos en un formulario debemos acceder a estos a través del DataSource especificando la fila y la columna que queremos obtener. Sin embargo, esta forma nos platea el problema de que únicamente podemos mostrar un solo dato a la vez. Si queremos mostrar todos los datos debemos de desplazaros en éstos uno por uno y mostrar un dato a la vez, esto se hace a través de un objeto **BindingSource**. Para trabajar con un BindingSource primero debemos de crear el objeto y posteriormente asignarle los datos a contener a través de su propiedada **DataSource** la cual recibe por parámetro un objeto de tipo **DataSet**. En el ejemplo 11.13 se aprecia la creación de un BindigSource así como su asignación de datos.
Ejemplo 11.13

```
let bs = new BindingSource()
bs.DataSource <- estableserDatos.Tables.["Personas"]
```

Una vez creado el objeto BindingSource y establecido su origen de los datos, lo siguiente es configurar los objetos del formuarios para hacer uso del BindingSource y poder mostrar los datos. La sintaxis de configuración para que un objeto del formulario haga uso de un BindigSource es la siguiente:

Objeto.DataBinding.Add("Propiedad del objeto", BindingSource, "Columna")

En el ejemplo 11.14 se aprecia la configuración del objeto etId para hacer uso del BindingSource en la cual establecemos que La información contenida en el BindingSource va a modificar su propiedad Text mostrando la información contenida en la columna id de la base de datos.

Ejemplo 11.14

```
etId.DataBindings.Add("Text", bs, "id") |> ignore
```

Ahora, la siguinte pregunta sería, ¿cómo desplazarnos a través de los datos con el BindingSource? El desplazamiento a través de los datos con el BindingSource se hace haciendo uso de sus métodos predefinidos **MoveFirst, MoveNext, MoveLast y MovePrevious**. Tal y como su nombre nos indica, el método

MoveFirst se va a deplazar hacie el primer elemento contenido en el BindingSource, el MoveNext se desplaza al siguiente elemento, el MoveLast se desplaza hacia el último elemento y el NovePrevious se desplaza hacia el elemento anterior. Entonces, para hacer uso de los métodos de desplazamiento debemos de añadir los botones descritos en la tabla 11.3 a nuestra interfaz gráfica.

Objeto	Propiedad
Button (btprimero)	• Location: 38, 168 • Size: 43, 23 • Text: "|<"
Button (btanterior)	• Location: 87, 168 • Size: 43, 23 • Text: "<<"
Button (btsiguiente)	• Location: 136, 168 • Size: 43, 23 • Text: ">>"
Button (btultimo)	• Location: 185, 168 • Size: 43, 23 • Text: ">|"

Tabla 11.3 Botónes de desplazamiento

Una vez añadinos los botones de desplazaminto a la interfaz se procede a establecer el código de los eventoa a los cuales responderá cada botón. En el ejemplo 11.15 se aprecian los eventos pertenecientes a los botones de navegación.

Ejemplo 11.15

```
let btPrimero_Click send e =
    bs.MoveFirst()

let btAnterior_Click send e =
    bs.MovePrevious()

let btSiguiente_Click send e =
    bs.MoveNext()

let btUltimo_Click send e =
    bs.MoveLast()
```


Si se deseara saber o establacer la posicición en la que se encuentra el BindigSource se hace uso de su propiedad **Pissition**. En el ejemplo 11.16 se accede a la posición actual del BindingSource.

Ejemplo 11.16

```
let pos = bs.Position
```

Con el uso del BindigSource cambiamos la forma de mostrar los datos en un formulario. El ejemplo 11.17 muestra la refefinición del código de MainForm.fs escrito en el ejemplo 11.11 para que haga uso de un BindigSource.

Ejemplo 11.17

```
module MainForm

open System
open System.Data
open System.Data.SqlClient
open System.Drawing
open System.Windows.Forms

let label1 = new Label()
let etId = new Label()
let etNombre = new Label()
let etDireccion = new Label()
let ctNombre = new TextBox()
let ctDireccion = new TextBox()
let btPrimero = new Button()
let btAnterior = new Button()
let btSiguiente = new Button()
let btUltimo = new Button()

let mutable conexión = null//Objeto conexión
let mutable adaptadorDatos = null//Objeto adaptadorDatos
let mutable comando = null//Objeto comando
let mutable estableserDatos = null//Objeto estableserDatos
let bs = new BindingSource()

let MainForm_Load send e =
    try
        try
            conexión <- new SqlConnection(@"Data Source=.\sqlexpress;Initial
Catalog=Agenda;Integrated Security=True")//Creación del objeto conexión

            comando <- new SqlCommand()//Creación del objeto comando
            adaptadorDatos <- new SqlDataAdapter()//Creación del objeto
adaptadorDatos
            estableserDatos <- new DataSet()//Creación del objeto estableserDatos

            adaptadorDatos.SelectCommand <- comando//Estableser el comando SELECT

            //Estableser la conexión del adaptadorDatos
            adaptadorDatos.SelectCommand.Connection <- conexión

            conexión.Open()//Abrir la conexión con el servidor
```

```fsharp
                comando.CommandText <- "delete from Personas where(id = 4)"
                comando.ExecuteNonQuery() |> ignore

                //Ejecutar select
                comando.CommandText <- "SELECT * FROM Personas"
                adaptadorDatos.Fill(estableserDatos, "Personas") |> ignore

                //Estabelcer el origen de datos del BindigSouece
                bs.DataSource <- estableserDatos.Tables.["Personas"]

                //Vincular objetos del formulario al BindingSource
                etId.DataBindings.Add("Text", bs, "id") |> ignore
                ctNombre.DataBindings.Add("Text", bs, "Nombre") |> ignore
                ctDireccion.DataBindings.Add("Text", bs, "Dirección") |> ignore

        with | ex ->
            //Mostrar mensaje de error
            MessageBox.Show(ex.Message) |> ignore
    finally
        conexión.Close()//Cerrar la conexión

        if conexión <> null
        then
            conexión <- null

        if comando <> null
        then
            comando <- null

        if adaptadorDatos <> null
        then
            adaptadorDatos <- null

        if estableserDatos <> null
        then
            estableserDatos <- null

let btPrimero_Click send e =
    bs.MoveFirst()

let btAnterior_Click send e =
    bs.MovePrevious()

let btSiguiente_Click send e =
    bs.MoveNext()

let btUltimo_Click send e =
    bs.MoveLast()


type MainForm() as self =
    inherit Form()//Herencia a Form

    member public this.InitCimponents() =
        //Configuración de la ventana principal
        self.ClientSize <- new Size(284, 262)
        self.Text <- "Agenda"
        self.Load.Add(MainForm_Load self)
```

```
// label1
label1.Location <- new Point(23, 19)
label1.Size <- new Size(21, 13)
label1.TabIndex <- 1
label1.Text <- "ID:"

// etId
etId.Location <- new Point(78, 19)
etId.Size <- new Size(21, 13)
etId.TabIndex <- 1
etId.Text <- "ID:"

// etNombre
etNombre.Location <- new Point(23, 69)
etNombre.Size <- new Size(47, 13)
etNombre.TabIndex <- 3
etNombre.Text <- "Nombre:"

// ctNombre
ctNombre.Location <- new Point(81, 65)
ctNombre.Size <- new Size(163, 20)
ctNombre.TabIndex <- 4

// etDireccion
etDireccion.Location <- new Point(23, 126)
etDireccion.Size <- new Size(55, 13)
etDireccion.TabIndex <- 5
etDireccion.Text <- "Dirección:"

// ctDirección
ctDireccion.Location <- new Point(81, 123)
ctDireccion.Size <- new Size(163, 20)
ctDireccion.TabIndex <- 6

// btPrimero
btPrimero.Location <- new Point(38, 168)
btPrimero.Size <- new Size(43, 23)
btPrimero.TabIndex <- 7
btPrimero.Text <- "|<"
btPrimero.Click.Add(btPrimero_Click btPrimero)

// btAnterior
btAnterior.Location <- new Point(87, 168)
btAnterior.Size <- new Size(43, 23)
btAnterior.TabIndex <- 8
btAnterior.Text <- "<<"
btAnterior.Click.Add(btAnterior_Click btAnterior)

// btSiguiente
btSiguiente.Location <- new Point(136, 168)
btSiguiente.Size <- new Size(43, 23)
btSiguiente.TabIndex <- 9
btSiguiente.Text <- ">>"
btSiguiente.Click.Add(btSiguiente_Click btSiguiente)

// btUltimo
btUltimo.Location <- new Point(185, 168)
```

```
btUltimo.Size <- new Size(43, 23)
btUltimo.TabIndex <- 10
btUltimo.Text <- ">|"
btUltimo.Click.Add(btUltimo_Click btUltimo)

//Añadir los componentes al formulario
self.Controls.Add(label1)
self.Controls.Add(etId)
self.Controls.Add(etNombre)
self.Controls.Add(ctNombre)
self.Controls.Add(etDireccion)
self.Controls.Add(ctDireccion)
self.Controls.Add(btPrimero)
self.Controls.Add(btAnterior)
self.Controls.Add(btSiguiente)
self.Controls.Add(btUltimo)
```

En al archivo MainForm.fs se realizaro angunos cambios agregando los eventos pertenecientes a los botones de navegación. En el ejemplo 11.18 se aprecian las funciones de los eventos añadidos al código definido en en elemplo 11.12 (el código completo del archivo MainForm.fs puede apreciarse en el ejemplo 11.17).

Ejemplo 11.18

```
let btPrimero_Click send e =
    bs.MoveFirst()

let btAnterior_Click send e =
    bs.MovePrevious()

let btSiguiente_Click send e =
    bs.MoveNext()

let btUltimo_Click send e =
    bs.MoveLast()
```

11.7.4 Consultar datos.

Para consultar datos dentro de alguna tabla de nuestra base de datos se debe de hacer a través de la consulta **select** de **SQL**. Dicha consulata tiene la siguiente sintaxis:

Select [campos] from [Tabla]

En la parte perteneciente a campos se especifican las columnas de mi tabla a las cuales quiero acceder y en la parte de Tabla se debe de especificar de qué tabla se quiere tener acceso a los datos. En el ejemplo 11.19 se aprecia la consulta select para acceder a los datos almacenados en las columnas Nombre y Dirección de la tabla Personas.

Ejemplo 11.19

```
Select Nombre, Dirección from Personas;
```

Si se deseara acceder a todos los datos almacenados en la tabla, en la parte de campos de la consulta select se debe de hacer uso del **opredor ***. En el ejemplo 11.20 se aprecia la consulta select para acceder a todos los datos de la tabla Personas.

Ejemplo 11.20

```
Select * from Personas;
```

Finalmente, como hemos visto en los ejemplos anteriores pertenecientes a este capítulo, la consulta select se establece como valor de la propiedad **CommandText** de un objeto de tipo **Command**. En eejmpplo 11.21 muestra el uso de la conulta select.

Ejemplo 11.21

```
let mutable comando = null
comando.CommandText <- "SELECT * FROM Personas"
```

11.7.5 Insertar datos.

Para insertar datos dentro de alguna tabla de nuestra base de datos se debe de hacer a través de la consulta **insert** de **SQL**. Dicha consulata tiene la siguiente sintaxis:

Insert into [Tabla] values([valor1], [valor 2], …, [valor n])

En el ejemplo 11.22 se aprecia la consulta insert para insertar un nuevo dato a la tabla Personas.

Ejemplo 11.22

```
insert into Personas values('Ana', 'Flores 243');
```

Una vez que hemos definido nuestra sentecia insert e ejecutar, lo siguiente es asignar dicha sentencia a la propiedad **CommandText** de nuestro objeto **Command** para proceder a ejecutar dicha sentencia a travez del método **ExecuteNonQuery** perteneciente al objeto Command y actualizar el **DataSet** para que el nuevo dato forme parte de éste. En el ejemplo 11.23 se aprecia el código para insertar un nuevo usuario a la tabla Personas.

Ejemplo 11.23

```
//Establecer la sentencia insert a ejecutar
comando.CommandText <- "insert into Personas values('Ana', 'Flores 243')"
//Ejecutar la sentencia insert
comando.ExecuteNonQuery() |> ignore
//Insertar el nuevo Dato en el DataSet
estableserDatos.Tables.["Personas"].Rows.Add(-1, "Ana", "Flores 123") |> ignore
```

11.7.6 Actualizar datos.

Para actualizar datos dentro de alguna tabla de nuestra base de datos se debe de hacer a través de la consulta **update** de **SQL**. Dicha consulata tiene la siguiente sintaxis:

Update [Tabla] set [Columna1 = NuevoValo1], [Columna1 = NuevoValor2]…, [ColumnaN = NuevoValorN] where(condición)

En el ejemplo 11.24 se aprecia la consulta update para actualizar el nombre y la dirección del usuario cuyo id es 4 en la tabla Personas.

Ejemplo 11.24

```
update Personas set Nombre='Maria', Dirección='Tulipan 43-B' where(id =
4);
```

Una vez que hemos definido nuestra sentecia update e ejecutar, lo siguiente es asignar dicha sentencia a la propiedad **CommandText** de nuestro objeto **Command** para proceder a ejecutar dicha sentencia a travez del método **ExecuteNonQuery** perteneciente al objeto Command. En el ejemplo 11.25 se aprecia el código para actualizar un usuario a la tabla Personas.

Ejemplo 11.25

```
//Establecer la sentencia update a ejecutar
comando.CommandText <- "update Personas set Nombre = 'Ana', Dirección = 'Tulipan 43-
B' where(id = 4)"
```

```fsharp
//Ejecutar la sentencia insert
comando.ExecuteNonQuery() |> ignore
```

11.7.6 Borrar datos.

Para borrar datos dentro de alguna tabla de nuestra base de datos se debe de hacer a través de la consulta **delete** de **SQL**. Dicha consulata tiene la siguiente sintaxis:

Delete from [Tabla] where(condición)

En el ejemplo 11.26 se aprecia la consulta delete para borrar el usuario cuyo id es 4 en la tabla Personas.

Ejemplo 11.26

```fsharp
delete from Personas where(id = 4)
```

Una vez que hemos definido nuestra sentecia delete e ejecutar, lo siguiente es asignar dicha sentencia a la propiedad **CommandText** de nuestro objeto **Command** para proceder a ejecutar dicha sentencia a travez del método **ExecuteNonQuery** perteneciente al objeto Command y actualizar el **DataSet** para que el dato eliminado no forme parte de éste. En el ejemplo 11.27 se aprecia el código para borrar un usuario a la tabla Personas.

Ejemplo 11.27

```fsharp
//Establecer la sentencia delete a ejecutar
comando.CommandText <- "delete from Personas where(id = 4)" where(id = 4)"
//Ejecutar la sentencia delete
comando.ExecuteNonQuery() |> ignore
//Eliminar el dato del DataSet
estableserDatos.Tables.["Personas"].Rows.RemoveAt(bs.Position)
```

11.8 Acceso a datos mediante el proveedor de tipos de F#.

F# cuenta con su proveedor de datos propios para conectarse a un sistema gestor de bases de datos. Dicho proveedor de datos se ubica dentro de la librería **FSharp.Data.TypeProviders**. Este proveedor propio de F# nos permite interactuar con los SGBD haciendo uso de LINQ, por lo tanto debemos de hacer uso de la librería **System.Data.Linq**.

11.8.1 Configuración del proveedor de tipos de F#.

Para hacer uso del proveedor de tripos de F# lo primero que debemos hacer es importar las librerías a nuestro proyecto y mandarlas llamar con la sentencia open en nuestro código. Una vez importadas las librerías y referenciadas con la sentencia open debemos de configurar la conexión con el SGBD y decirle a nuestro proveedeor de tipos que queremos usar la base de datos. El ejemplo 11.28 muestra la línea de conexión con el SGBD y la selección de la base de datos a usar.

Ejemplo 11.28

```fsharp
open System.Data.Linq
open Microsoft.FSharp.Data.TypeProviders

//Conectar con el SGBD
type        conexión=        SqlDataConnection<"Data        Source=.\sqlexpress;Initial 
Catalog=Agenda;Integrated Security=True">

//Acceder a la Base de datos
let db = conexión.GetDataContext()
```

Notese en el ejemplo 11.28 que la conexión con el SGBD se hace ahora con la palabra recerbada **type** y se debe de crear un objeto del tipo **SqlDataConnection** pasando entre los símbolos **< >** la cadena de conexión con el servidor de bases de datos. Posteriormente, una vez creada la conexión con nuestro SGBD debemos de seleccionar la base de datos que queremos usar, esto se hace a través del método **GetDataContext**.

11.8.2 Consultar datos.

Para poder consultar los datos contenidos en una tabla debemos de hacer uso de la consulta select como hemos visto anteriormente. Para seleccionar todos los datos de la tabla personas se haría uso de la consulta **select * from Personas** de SQL la cual debe de ser pasada a la sintaxis admitida por el proveeder de tipos de F#; para esto, lo primero que debemos hacer es especificar qué tabla de nuestra base de datos vamos a usar. El ejemplo 11.29 muestra cómo elegir la tabla "Personas" con el proveedor de tipos de F# para ser usada.

Ejemplo 11.29

```
//Seleccionar la tabla a usar
let tbPersonas = db.Personas
```

Lo siguiente que debemos hacer después de elegir la tabla a ser usada es pasar nuestra sentencia select a la sintaxis admitida por el proveedor de tipos de F#. La sintaxis de la consulta select es la siguiente:

Let mutable [variable] =
    query{
        for [variable] in [tabla] do
            where([condición])
            select [filas]
            done
    } |> Seq.Array

En el ejemplo 11.30 se aprecia la sintaxis de configuración de la consulta select * from Personas en el proveedro de tipos de F#.

Ejemplo 11.30

```
//Seleccionar todos los datos de la tabla Personas (select * from Personas)
let mutable data =
    query{
        for filas in tbPersonas
            do
            select filas
            done
    }|> Seq.toArray
```

Si nuestra clausula select hubiera tenido un where lo único que hay que hacer es especificar dicha restricción en nustra sintacis marcada por el proveedor de tipos de F#. En el Ejemplo 11.31 e aprecia la consulta select * from Personas where(id = 2).

Ejemplo 11.31

```
//Select * from Personas where(id = 4)
data <-
    query{
        for filas in tbPersonas
            do
            where (filas.Id = 2)
            select filas
            done
    }|> Seq.toArray
```

En el ejemplo 11.30 y 11.31 se aprecia que la consulta select termian con
|> Seq.toArray, esro significa que los datos retorados por la consulta select se
van a gusradr en froma de arreglo, lo ciual convierte a nuestra variable data en un
arreglo. Una vez comprendido esto, lo único que debemos de hacer para acceder
a los datos retornados por la consulta select es especificar la posicición del dato al
cual quiero acceder dentro del arreglo. En el ejemplo 11.32 se despliegan en
pantalla los datos retornados por la consulta select.

Ejemplo 11.32

```
//Acceder a los datos retornados por la consulta slect
printfn "Id\tNombre\tDirección"
for i in 0..(data.Length - 1)
    do
    printfn "%d\t%s\t%s" data.[i].Id data.[i].Nombre data.[i].Dirección
done
```

11.8.3 Insertar datos.

Para poder insertar un nuevo dato en la tabla, lo primero que debemos de hacer
es **crear un objeto de la tabla** el cual contiene los datos que queremos insertar.
En el ejemplo 11.33 se aprecia la creación de un objeto de tipo Personas el cual
contiene los datos que queremos insertar.

Ejemplo 11.33

```
//Definir el dato a insertar
let nuevaPer = conexión.ServiceTypes.Personas(Nombre = "José", DireccióN = "Abasolo
12")
```

Una vez creado el objeto procedemos a insertarlo en la tabla haciendo uso del
método **InsertOnSubmit** el cual recibe como parámetro el objeto que hemos
creado previamenta. En el ejemplo 11.34 se aprecia el gusradado del objeto
nuevaPer en la tabla Personas.

Ejemplo 11.34

```
//Insertar un dato nuevo a la tabla
db.Personas.InsertOnSubmit(nuevaPer)
```

Finalmente, si queremos guardar todos los cambios que hemos realizado a una
determinada tabla lo hacemos invcando al método **SubmitChanges** perteneciente

al **DataContext**. En el ejemplo 11.35 se guardan los cambios hechos a la tabla "Personas".

Ejemplo 11.35

```
//Guardar los cambios hechos
db.DataContext.SubmitChanges()
```


11.8.4 Actualizar datos.

Para poder actualizar un dato en la tabla, lo primero que debemos de hacer es acceder a la posición dentro del arreglo de la fila que contiene los datos que queremos actualizar a través de su índice. Una vez que hemos accedido a la fila que contiene el campo a actualizar debemos de seleccionar el campo que queremos actualizar y le establecemos un nuevo valor. En el ejemplo 11.36 se va a actualizar el campo "Nombre" ubicado en la posición 3 del arreglo.

Ejemplo 11.36

```
//Actualizad datos
data.[3].Nombre <- "Oscar"
```

Al igual que como lo hicimos en el insertado de datos, si queremos guardar todos los cambios que hemos realizado a la tabla lo hacemos invocando al método **SubmitChanges** perteneciente al **DataContext** (Vease el ejemplo 11.35).

11.8.5 Borrar datos.

Para poder borrar un dato en la tabla, lo primero que debemos de hacer es **seleccionar la fila o las filas** que contiene los datos que queremos borrar, para esto antes de borrar los datos debemos de ejecutar mínimo una vez un **select**. En el ejemplo 11.37 seleccionamos todas las filas cuyo valor en la columnas Nombre sea Oscar para posteriormente proceder a borrarlas.

Ejemplo 11.37

```
let borrar =
    query{
        for filas in tbPersonas
            do
            where(filas.Nombre.ToString() = "Oscar")
            select filas
```

```
        done
  }|> Seq.toArray
```

Una vez que tenemos la o las filas que queremos borrar seleccionadas procedemos a ejecutar el método **DeleteAllOnSubmit** el cual recibe como parámetro las filas a borrar. En el ejemplo 11.38 se aprecia el borrado de las filas que seleccionamos previamente.

Ejemplo 11.38

```
//Borrar el registro
db.Personas.DeleteAllOnSubmit(borrar)
```

Finalmente, como lo hemos visto en el isertado y actualizado de datos, si queremos guardar los cambios que hemos hecho se ejecuta el método SubmitOnChange (ver ejemplo 11.35).

11.8.6 Ejecutar código SQL.

Si queremos ejecutar cualquier comando SQL mediante el proveedor de tipos de F# lo único que debemos hacer es ejecutar el comando **ExecuteCommand** perteneciente al **DataContext** pasándole como parámetro el comando SQL a ejecutar. En el ejemplo 11.39 se aprecia la inserción de datos mediante código SQL.

Ejemplo 11.39

```
//EJECUTAR CÓDIGO SQL
db.DataContext.ExecuteCommand("INSERT INTO Personas VALUES('Anny', 'Sol 12')") |>
ignore
```


11.9 Ejercicios resuletos.

Ejercicio 1: Agenda completa mediante Fromulario. Para realizar este ejercicio necesitamos 2 interfaces gráficas: la primera contendrá los datos de la tabla de "Personas" y la segunda contendrá los datos de la tabla de "Teléfonos". Dado que existe una restricción de relación entre las tablas de personas y telefonos, es necesario que se registre primero a una persona antes de poder registrar algún teléfono; para esto, tenemos que diseñar primero la interfaz del formulario teléfonos. En la figura 11.10 se muestra la interfaz del formulario teléfonos a implementar.

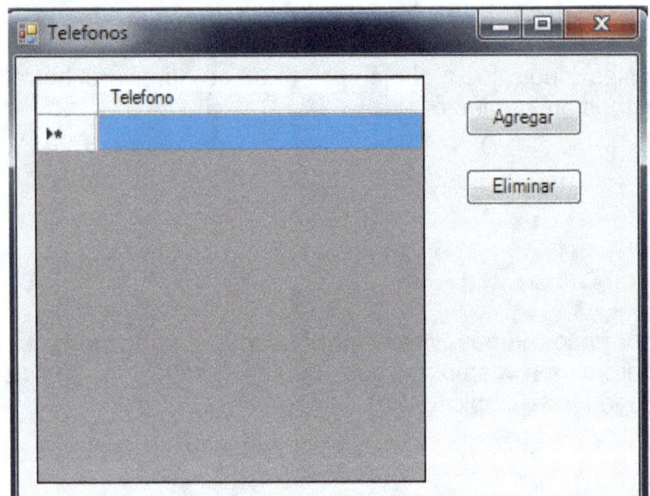

Fig. 11.10 Formulario Telefonos

El archivo que contiene el diseño de este formulario se va a llamar **Telefonos.fs** y su código es el siguiente:

```fsharp
module Telefonos

open System
open System.Data
open System.Data.SqlClient
open System.Drawing
open System.Windows.Forms
open Microsoft.VisualBasic

//Objetos pertencientes al formulario
let tbDatos = new DataGridView()
let btAgregar = new Button()
let btEliminar = new Button()

//Variables globales
let mutable conexión = new SqlConnection()//Objeto conexión
let mutable adaptadorDatos = null//Objeto adaptadorDatos
let mutable comando = null//Objeto comando
let mutable estableserDatos = null//Objeto estableserDatos
let mutable idPersona = 0

let Telefonos_Load send e =
    try
        //Creación del objeto conexión. Estableser la conexión
        conexión <- new SqlConnection(@"Data Source=.\sqlexpress;Initial
Catalog=Agenda;Integrated Security=True")
```

```fsharp
        comando <- new SqlCommand()//Creación del objeto comando
        adaptadorDatos <- new SqlDataAdapter()//Creación del objeto adaptadorDatos
        estableserDatos <- new DataSet()//Creación del objeto estableserDatos

        adaptadorDatos.SelectCommand <- comando//Estableser el comando SELECT
        adaptadorDatos.SelectCommand.Connection <- conexión//Estableser la conexión

        conexión.Open()//Abrir la conexión con el servidor

        //Establecer el comando select
        let mutable sqlSelect = "SELECT Telefono FROM Telefonos"
        if idPersona <> -1
        then
            sqlSelect <- sqlSelect + " WHERE(idPersona = " + idPersona.ToString() +
")"

        //Ejecutar el select
        comando.CommandText <- sqlSelect
        adaptadorDatos.Fill(estableserDatos, "Telefonos") |> ignore

        //Mostrar datos en la tabla
        tbDatos.DataSource <- estableserDatos.Tables.["Telefonos"]

    with | ex ->
        //Mostrar mensaje de error
        MessageBox.Show(ex.Message) |> ignore

let Telefonos_FormClosing send e =
    if conexión <> null
    then
        conexión.Close()//Cerrar la conexión
        conexión <- null

    if comando <> null
    then
        comando <- null

    if adaptadorDatos <> null
    then
        adaptadorDatos <- null

    if estableserDatos <> null
    then
        estableserDatos <- null

let btAgregar_Click send e =
    //Pedir el teléfono a agregar
    let tel = Interaction.InputBox("Agregar teléfono", "Teléfono", "", 0, 0)

    //Establecer la sentencia insert a ejecutar
    comando.CommandText <- "insert into Telefonos values(" + idPersona.ToString() +
", '" + tel.ToString() + "');"

    //Ejecutar la sentencia insert
    comando.ExecuteNonQuery() |> ignore

    //Insertar el nuevo teléfono en tbDatos
    estableserDatos.Tables.["Telefonos"].Rows.Add(tel) |> ignore
```

```fsharp
let btEliminar_Click send e =
    //Establecer el número de filas seleccionadas
    let mutable n = tbDatos.SelectedRows.Count

    //Si existen filas seleccionadas
    if n > 0
    then
        //Confirmar si desea eliminar el dato
        let res = MessageBox.Show("¿Seguro que desea borrar la(s) fila(s)
seleccionada(s)?", "Eliminar", MessageBoxButtons.YesNo, MessageBoxIcon.Question)

        //Si SÍ desea eliminar el dato
        if res = DialogResult.Yes
        then
            //Mientras existan filas seleccionadas a borrar
            while n > 0
                do
                //Establecer el indice de la primer fila seleccionada
                let indexFila = tbDatos.SelectedRows.[0].Index

                //Establecer el teléfono a borrar
                let tel =
estableserDatos.Tables.["Telefonos"].Rows.[indexFila].ItemArray.[0].ToString()

                //Establecer la sentencia delete a ejecutar
                let sql = "delete from Telefonos where(idPersona = " +
idPersona.ToString() + " and Telefono like '" + tel + "');"
                comando.CommandText <- sql

                //Ejecutar la sentencia delete
                comando.ExecuteNonQuery() |> ignore

                //Eliminar el teléfono de tbDatos
                estableserDatos.Tables.["Telefonos"].Rows.RemoveAt(indexFila)

                //Establecer el número de filas seleccionadas
                n <- tbDatos.SelectedRows.Count
            done

            MessageBox.Show("Teléfono(s) eliminado(s)") |> ignore
    else
        MessageBox.Show("Debe de seleccionar la o las filas que desea eliminar") |>
ignore


type Telefonos(idPer : int) as self =
    inherit Form()

    new() = new Telefonos(-1)

    member public this.InitCimponents() =
        idPersona <- idPer

        //Configuración de la ventana principal
        self.ClientSize <- new Size(398, 277)
        self.Text <- "Telefonos"
        self.FormBorderStyle <- FormBorderStyle.FixedDialog
```

```fsharp
self.Load.Add(Telefonos_Load self)
self.FormClosing.Add(Telefonos_FormClosing self)

//tbDatos
tbDatos.AutoSizeColumnsMode <- DataGridViewAutoSizeColumnsMode.Fill
tbDatos.Location <- new Point(12, 12)
tbDatos.Size <- new Size(250, 253)
tbDatos.TabIndex <- 1
tbDatos.ReadOnly <- true

// btAgregar
btAgregar.Location <- new Point(288, 27)
btAgregar.Size <- new Size(75, 23)
btAgregar.TabIndex <- 2
btAgregar.Text <- "Agregar"
btAgregar.Click.Add(btAgregar_Click btAgregar)

// btEliminar
btEliminar.Location <- new Point(288, 70)
btEliminar.Size <- new Size(75, 23)
btEliminar.TabIndex <- 4
btEliminar.Text <- "Eliminar"
btEliminar.Click.Add(btEliminar_Click btEliminar)

//Añadir los componentes al formulario
self.Controls.Add(tbDatos)
self.Controls.Add(btAgregar)
self.Controls.Add(btEliminar)
```

Notese que la clase Telefonos define un constructor con parámetro, esto con la finalidad de desplegar únicamente los teléfonos pertenecientes a un usuario el cual es pasado su id por parámetro en el constructor. Una vez finalizado el archivo "Telefonos.fs" tenemos que definir la interfaz principal a implematar la cual se defina en el archivo **Agenda.fs.** En la figura 11.11 se muestra la interfaz del formulario Agenda a implementar.

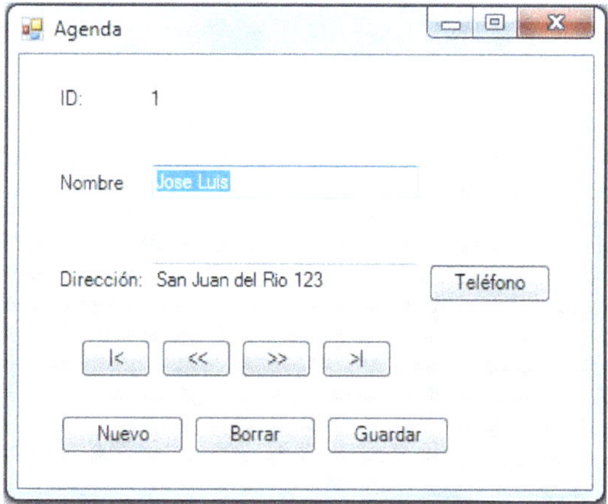

Fig 11.11 Formulario Agenda

El archivo **Agenda.fs** contiene los datos de las personas. El código completo del archivo "Agenda.fs" es el siguiente:

```fsharp
module Agenda

open System
open System.Drawing
open System.Windows.Forms
open System.Data
open System.Data.SqlClient
open Telefonos

//Objetos pertenecientes al formulario
let label1 = new Label()
let etId = new Label()
let etNombre = new Label()
let etDireccion = new Label()
let ctNombre = new TextBox()
let ctDireccion = new TextBox()
let btPrimero = new Button()
let btAnterior = new Button()
let btSiguiente = new Button()
let btUltimo = new Button()
let btNuevo = new Button()
let btBorrar = new Button()
let btGuardar = new Button()
let btTelefono = new Button()

//Variables globales
let mutable conexión = new SqlConnection()//Objeto conexión
let mutable adaptadorDatos = null//Objeto adaptadorDatos
let mutable comando = null//Objeto comando
let mutable estableserDatos = null//Objeto estableserDatos
let mutable (idb, nom, dir) = ("", "", "")
let bs = new BindingSource()
let mutable sql = ""

let Agenda_Load send e =
    try
        //Creación del objeto conexión. Estableser la conexión
        conexión <- new SqlConnection(@"Data Source=.\sqlexpress;Initial
Catalog=Agenda;Integrated Security=True")

        comando <- new SqlCommand()//Creación del objeto comando
        adaptadorDatos <- new SqlDataAdapter()//Creación del objeto adaptadorDatos
        estableserDatos <- new DataSet()//Creación del objeto estableserDatos

        adaptadorDatos.SelectCommand <- comando//Estableser el comando SELECT
        adaptadorDatos.SelectCommand.Connection <- conexión//Estableser la conexión
del adaptadorDatos

        conexión.Open()//Abrir la conexión con el servidor

        //Ejecutar select
        comando.CommandText <- "SELECT * FROM Personas"
```

```fsharp
        adaptadorDatos.Fill(estableserDatos, "Personas") |> ignore

        //Estabelcer el origen de datos del BindigSouece
        bs.DataSource <- estableserDatos.Tables.["Personas"]

        etId.DataBindings.Add("Text", bs, "id") |> ignore
        ctNombre.DataBindings.Add("Text", bs, "Nombre") |> ignore
        ctDireccion.DataBindings.Add("Text", bs, "Dirección") |> ignore

        //Guardar los datos
        idb <- etId.Text
        nom <- ctNombre.Text
        dir <- ctDireccion.Text

    with | ex ->
        //Mostrar mensaje de error
        MessageBox.Show(ex.Message) |> ignore

let Agenda_FormClosing send e =
    if conexión <> null
    then
        conexión.Close()//Cerrar la conexión
        conexión <- null

    if comando <> null
    then
        comando <- null

    if adaptadorDatos <> null
    then
        adaptadorDatos <- null

    if estableserDatos <> null
    then
        estableserDatos <- null

let btTelefono_Click send e =
    //Obtener el idPersona
    let idPerson = Convert.ToInt32(etId.Text)

    //Lanzar la interfaz de teléfono
    let frTelefonos = new Telefonos(idPerson)
    frTelefonos.InitCimponents()
    frTelefonos.ShowDialog() |> ignore

let btPrimero_Click send e =
    //Si cambió algún dato en el formulario
    if ctNombre.Text <> nom || ctDireccion.Text <> dir
    then
        btGuardar.PerformClick()

    bs.MoveFirst()

    //Guardar los datos
    idb <- etId.Text
    nom <- ctNombre.Text
    dir <- ctDireccion.Text
```

```fsharp
let btAnterior_Click send e =
    //Si cambió algún dato en el formulario
    if ctNombre.Text <> nom || ctDireccion.Text <> dir
    then
        btGuardar.PerformClick()
    bs.MovePrevious()

    //Guardar los datos
    idb <- etId.Text
    nom <- ctNombre.Text
    dir <- ctDireccion.Text

let btSiguiente_Click send e =
    //Si cambió algún dato en el formulario
    if ctNombre.Text <> nom || ctDireccion.Text <> dir
    then
        btGuardar.PerformClick()
    bs.MoveNext()

    //Guardar los datos
    idb <- etId.Text
    nom <- ctNombre.Text
    dir <- ctDireccion.Text

let btUltimo_Click send e =
    //Si cambió algún dato en el formulario
    if ctNombre.Text <> nom || ctDireccion.Text <> dir
    then
        btGuardar.PerformClick()
    bs.MoveLast()

    //Guardar los datos
    idb <- etId.Text
    nom <- ctNombre.Text
    dir <- ctDireccion.Text

let btNuevo_Click send e =
    if btNuevo.Text = "Nuevo"
    then
        //Cambiar el texto del botón
        btNuevo.Text <- "Cancelar"

        //Enfocar ctNombre
        ctNombre.Focus() |> ignore

        //Guardar los datos
        idb <- etId.Text
        nom <- ctNombre.Text
        dir <- ctDireccion.Text

        //Limpiar los campos
        etId.Text <- "-1"
        ctNombre.Text <- ""
        ctDireccion.Text <- ""

        //Deshabilitar objetos del formulario
        btTelefono.Enabled <- false
        btPrimero.Enabled <- false
```

```fsharp
            btAnterior.Enabled <- false
            btSiguiente.Enabled <- false
            btUltimo.Enabled <- false
            btEliminar.Enabled <- false
            btBorrar.Enabled <- false
        else
            //Cambiar el texto del botón
            btNuevo.Text <- "Nuevo"

            //Reestablecer los datos
            etId.Text <- idb
            ctNombre.Text <- nom
            ctDireccion.Text <- dir

            //Habilitar objetos del formulario
            btTelefono.Enabled <- true
            btPrimero.Enabled <- true
            btAnterior.Enabled <- true
            btSiguiente.Enabled <- true
            btUltimo.Enabled <- true
            btEliminar.Enabled <- true
            btBorrar.Enabled <- true

let btBorrar_Click send e =
    //Confirmar si desea borrar el registro
    let resp = MessageBox.Show("¿Borrar el registro?", "Borrar",
MessageBoxButtons.YesNo, MessageBoxIcon.Question)

    if(resp = DialogResult.Yes)
    then
        //Establecer la sentencia delete a ejecutar
        sql <- "delete from Telefonos where(idPersona = " + etId.Text.ToString() +
");"
        comando.CommandText <- sql

        //Ejecutar la sentencia delete
        //Borrar los teléfonos de la persona
        comando.ExecuteNonQuery() |> ignore

        //Establecer la sentencia delete a ejecutar
        sql <- "delete from Personas where(id = " + etId.Text.ToString() + ");"
        comando.CommandText <- sql

        //Ejecutar la sentencia delete
        //Borrar a la persona
        comando.ExecuteNonQuery() |> ignore

        //Eliminar a la Persona del BindingSource
        estableserDatos.Tables.["Personas"].Rows.RemoveAt(bs.Position)

        MessageBox.Show("Registro borrado") |> ignore

let btGuardar_Click send e =
    //Confirmar si desea guardar los cambios
    let resp = MessageBox.Show("¿Guardar los cambios?", "Guardar",
MessageBoxButtons.YesNo, MessageBoxIcon.Question)

    if(resp = DialogResult.Yes)
```

```fsharp
    then
        //Actualizar los datos
        if btNuevo.Text = "Nuevo"
        then
            //Establecer la sentencia sql a ejecutar
            sql <- "update Personas set Nombre = '" + ctNombre.Text + "', Dirección
= '" + ctDireccion.Text + "' where(id = " + etId.Text + ")"
            comando.CommandText <- sql

            //Ejecutar la sentencia sql
            comando.ExecuteNonQuery() |> ignore
        else//Guardar el dato nuevo
            //Establecer la sentencia sql a ejecutar
            sql <- "insert into Personas values('" + ctNombre.Text + "', '" +
ctDireccion.Text + "')"
            comando.CommandText <- sql

            //Ejecutar la sentencia sql
            comando.ExecuteNonQuery() |> ignore

            //Habilitar objetos del formulario
            btTelefono.Enabled <- true
            btPrimero.Enabled <- true
            btAnterior.Enabled <- true
            btSiguiente.Enabled <- true
            btUltimo.Enabled <- true
            btEliminar.Enabled <- true
            btBorrar.Enabled <- true

            //Seleccionar el id de la última fina insertada
            sql <- "SELECT TOP 1 id FROM Personas order by id DESC";
            comando.CommandText  <- sql

            //Leer el id de la última fina insertada
            let leer = comando.ExecuteReader()
            leer.Read() |> ignore

            //Acceder al id
            let idNuevo = Convert.ToInt32(leer.[0].ToString())

            //Insertar el nuevo Dato en el DataSet
            estableserDatos.Tables.["Personas"].Rows.Add(idNuevo,
ctNombre.Text.ToString(), ctDireccion.Text.ToString()) |> ignore

            //Simular un click en btNuevo
            btNuevo.PerformClick()

            //Ir al último registro insertado
            bs.Position <- bs.Count - 1

        MessageBox.Show("Datos guardados") |> ignore
    else
        if btNuevo.Text = "Cancelar"
        then
            //Simular un click en btNuevo
            btNuevo.PerformClick()
        else
            //Reestablecer los datos
```

```fsharp
            etId.Text <- idb
            ctNombre.Text <- nom
            ctDireccion.Text <- dir


type Agenda() as self =
    inherit Form()

    member public this.InitCimponents() =
        //Configuración de la ventana principal
        self.ClientSize <- new Size(350, 256)
        self.Text <- "Agenda"
        self.Load.Add(Agenda_Load self)
        self.FormClosing.Add(Agenda_FormClosing self)

        // label1
        label1.Location <- new Point(23, 19)
        label1.Size <- new Size(21, 13)
        label1.TabIndex <- 1
        label1.Text <- "ID:"

        // etId
        etId.Location <- new Point(78, 19)
        etId.Name <- "etId"
        etId.Size <- new Size(21, 13)
        etId.TabIndex <- 1
        etId.Text <- "ID:"

        // etNombre
        etNombre.Location <- new Point(23, 69)
        etNombre.Size <- new Size(47, 13)
        etNombre.TabIndex <- 3
        etNombre.Text <- "Nombre:"

        // ctNombre
        ctNombre.Location <- new Point(81, 65)
        ctNombre.Size <- new Size(163, 20)
        ctNombre.TabIndex <- 4

        // etDireccion
        etDireccion.Location <- new Point(23, 126)
        etDireccion.Size <- new Size(55, 13)
        etDireccion.TabIndex <- 5
        etDireccion.Text <- "Dirección:"

        // ctDirección
        ctDireccion.Location <- new Point(81, 123)
        ctDireccion.Size <- new Size(163, 20)
        ctDireccion.TabIndex <- 6

        // btPrimero
        btPrimero.Location <- new Point(38, 168)
        btPrimero.Size <- new Size(43, 23)
        btPrimero.TabIndex <- 7
        btPrimero.Text <- "|<"
        btPrimero.Click.Add(btPrimero_Click btPrimero)
```

```
// btAnterior
btAnterior.Location <- new Point(87, 168)
btAnterior.Size <- new Size(43, 23)
btAnterior.TabIndex <- 8
btAnterior.Text <- "<<"
btAnterior.Click.Add(btAnterior_Click btAnterior)

// btSiguiente
btSiguiente.Location <- new Point(136, 168)
btSiguiente.Size <- new Size(43, 23)
btSiguiente.TabIndex <- 9
btSiguiente.Text <- ">>"
btSiguiente.Click.Add(btSiguiente_Click btSiguiente)

// btUltimo
btUltimo.Location <- new Point(185, 168)
btUltimo.Size <- new Size(43, 23)
btUltimo.TabIndex <- 10
btUltimo.Text <- ">|"
btUltimo.Click.Add(btUltimo_Click btUltimo)

// btNuevo
btNuevo.Location <- new Point(26, 213)
btNuevo.Size <- new Size(75, 23)
btNuevo.TabIndex <- 11
btNuevo.Text <- "Nuevo"
btNuevo.Click.Add(btNuevo_Click btNuevo)

// btBorrar
btBorrar.Location <- new Point(107, 213)
btBorrar.Size <- new Size(75, 23)
btBorrar.TabIndex <- 12
btBorrar.Text <- "Borrar"
btBorrar.Click.Add(btBorrar_Click btBorrar)

// btGuardar
btGuardar.Location <- new Point(188, 213)
btGuardar.Size <- new Size(75, 23)
btGuardar.TabIndex <- 13
btGuardar.Text <- "Guardar"
btGuardar.Click.Add(btGuardar_Click btGuardar)

// btTelefono
btTelefono.Location <- new Point(250, 123)
btTelefono.Size <- new Size(75, 23)
btTelefono.TabIndex <- 14
btTelefono.Text <- "Teléfono"
btTelefono.Click.Add(btTelefono_Click btTelefono)

//Añadir los componentes al formulario
self.Controls.Add(label1)
self.Controls.Add(etId)
self.Controls.Add(etNombre)
self.Controls.Add(ctNombre)
self.Controls.Add(etDireccion)
self.Controls.Add(ctDireccion)
self.Controls.Add(btPrimero)
self.Controls.Add(btAnterior)
```

```
self.Controls.Add(btSiguiente)
self.Controls.Add(btUltimo)
self.Controls.Add(btNuevo)
self.Controls.Add(btBorrar)
self.Controls.Add(btGuardar)
self.Controls.Add(btTelefono)
```

Notese que es en este archivo en donde se lanza el formulario de "Telefonos" a través del botón Telefonos. Esto convierte al formulario Agenda en el formulatrio principal de nuestra aplicación. Ahora que sabemos cuál es nuestro formulario principal, procedemos a definir el código del archivo **MainProgram.fs** el cual es el encargado de lanzar los formularios. El código completo del archivo MainProgram.fs es el siguiente:

```
open System
open System.Windows.Forms
open Agenda

//Creación del objeto del formulario principal
let frAgenda = new Agenda()

[<STAThread>]
frAgenda.InitCimponents()
Application.EnableVisualStyles()
Application.Run(frAgenda)
```

11.10 Ejercicios propuestos

Ejercicio 1: Realizar una aplicación para llevar el control de lo que entra y sale de un almacén.

Ejercicio 2: Modificar el ejemplo de agenda vistos en la sección de ejercicios resueltos para que también puedan guardar el correo electrónico como información de un contacto.

Ejercicio 3: Realizar el ejercicio anterior haciendo uso del proveedor de tipos de F#

Referencias bibliográficas

- CEBALOS, F. (2011). **Enciclopedia de Microsoft C#**. 3ed. México: Alfa Omega.
- CEBALOS, F. (2011). **Microsoft C#, curso de programación**. 2ed. México: Alfa Omega.
- CEBALOS, F. (2013). **Enciclopedia de Microsoft Visual Basic**. 3ed. México: Alfa Omega.
- DEITEL, H. y Deitel, P. (1995). **Cómo programar en C/C++**. 2ed. México: Perason.
- DEITEL, H. y Deitel, P. (2004). **Cómo programar en Java**. 5ed. México: Perason.
- GALLARDO, J. y otros (2004). **Razonando con Haskell. Un curso sobre programación functional**. España: Paraninfo.
- HANSEN M. y Hans R. (2013). **Functional programming unisng F#**. USA: Cambridge.
- HARROP J. (2008). **F# for scientists**. USA: Wiley, 2008.
- LIU T. (2013). **F# for C# developers**. USA: Microsoft.
- MICROSOFT (2015). **Funciones**. Recuperado el 05 de abril del 2016 de http://msdn.microsoft.com/es-es/library/dd233229.aspx. 2015.
- MICROSOFT (2015). **Visual F#**. Recuperado el 05 de abril del 2016 de https://msdn.microsoft.com/en-us/visualfsharpdocs/conceptual/visual-fsharp.
- MICROSOFT (2016). **.NET**. Recuperado el 05 de abril del 2016 de https://www.microsoft.com/net.
- MICROSOFT (2016). **Bienvenido a .NET.** Recuperado del 05 de abril del 2016 de https://docs.microsoft.com/es-es/dotnet/articles/welcome.
- MICROSOFT (2016). **Documentación de F#**. Recuperado el 05 de abril del 2017 de https://docs.microsoft.com/es-es/dotnet/articles/fsharp/index.
- NEWARD, T. y otros (2011). **Professional F# 2.0**. USA: Wiley.
- PIALORSI, P. y Marco Russo (2010). **Programming Microsoft LINQ in .NET 4**. USA: Microsoft.
- PICKERING R. (2007). **Fundations of F#**. USA: Apress.
- PICKERING R. y Kit Eason (2016). **Beginning F# 4.0**. 2ed. USA: Apress.
- RAJSHEKHAR, A. (2013). **.Net Framework 4.5 Expert Programming Cookbook**. UK: Packt publishing.
- SMITH, C. (2009). **Programming F#**. USA: O'Reilly.
- SMITH, C. (2012). **Programming F# 3.0**. 2ed. USA: O'Reilly.
- SYME D. y otros (2015). **Expert F# 4.0**. 4ed. USA: Apress.

www.ingramcontent.com/pod-product-compliance
Lightning Source LLC
Chambersburg PA
CBHW070920260726

48661CB00003B/771